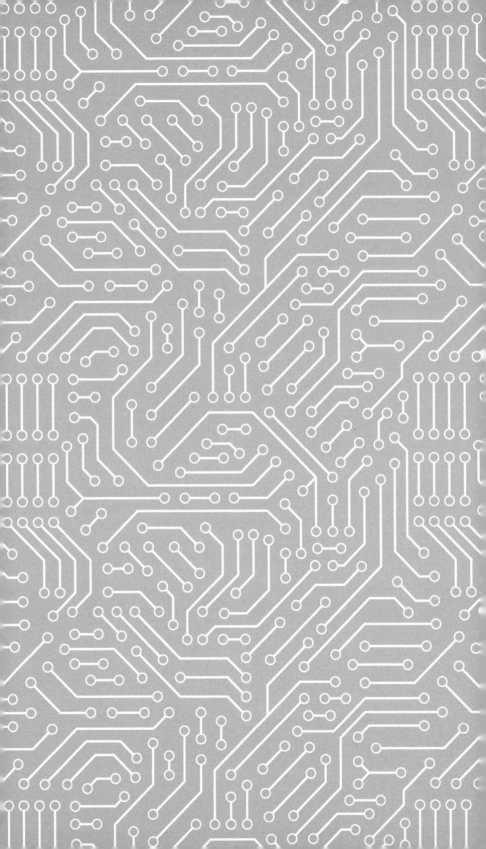

사장님을 지키는

중대재해처벌법 핵심과 사례
100문 100답

머리말

    일터에서 한 해에 800~900명 정도의 사망 재해가
발생하여, 산업재해공화국이란 오명을 벗으려고 산업안전보건법을 강
화해도 산업재해는 쉽사리 줄어들지 않는 현실이 안타깝다.

    이에 획기적으로 중대재해를 예방하기 위하여 사망 재해가 발생하면
1년 이상의 징역으로 처벌의 하한선을 두어 사업주나 경영책임자등을
엄하게 처벌하며, 그 법인이나 기관에게도 벌금형을 부과하고, 징벌적
손해배상제도까지 도입한 중대재해처벌법이 2022년 1월 27일부터 시
행되자, 건설업체는 불명예스러운 중대재해처벌법 위반기업 1호를 면
하고자, 이 법 시행일로부터 1주일간 휴업하는 촌극을 연출하기도 하
였다.

    대기업은 중대재해처벌법의 처벌을 피하고자 적지 않는 비용을 지출
하면서 컨설팅을 받거나, 안전 담당 임원을 영입하기도 한다. 그러나
중소기업은 고가의 컨설팅을 받는 것도 어렵고 필요 인력을 구하기도
쉽지 않아 아무런 준비도 못 하는 현실을 볼 때 안타까움이 있었다.

중소기업에서 중대재해처벌법에 쉽게 접근하고, 중대재해를 예방하는 데 작은 도움이라도 되겠다는 생각으로 『중대재해처벌법 핵심과 사례 100문 100답』을 기획하게 되었다.

필자의 바람대로 중대재해가 이 땅에서 사라지며, 안전한 일터, 안전한 경영이 이루어지길 소망해본다.

2022년 5월

편저자 황운희

목차

제1장 총칙

001 왜 중대재해처벌법이 필요한가? · · · · · · 19

002 산안법만으로는 재해예방이 불가능한가? · · · · · · 20

003 산안법의 '산업재해'란? · · · · · · 22

004 중대재해처벌법의 '중대산업재해'는
　　산안법의 '중대재해'와 같은 것인가? · · · · · 23

005 '중대산업재해'란 무엇인가? · · · · · · 25

006 사망자가 1명 이상 발생한 재해란? · · · · · 26

007 동일한 사고로 6개월 이상 치료가 필요한
　　부상자가 2명 이상 발생한 재해란? · · · · · · · · · 27

008 '직장 내 괴롭힘'으로 인한 근로자의
　　자살도 이 법의 규제 대상인가? · · · · · · · · · 28

009 '출퇴근 재해'도 이 법이 적용되는가? · · · · · · 29

010 '직업성 질병'도 중대산업재해에 포함되는가? · · · · 30

011 '직업성 질병'이란? · · · · · · · 32

012 '과로사'도 직업성 질병에 포함되는가? · · · · · · · · 35

013 '업무 스트레스로 인한 자살'도 이 법의 적용을 받는가? · · · 36

014 중대재해처벌법에서의 '종사자'란? · · · · · · · · · 37

015 '공무원'도 근로자로 볼 수 있는가? · · · · · · · · · 38

016 '현장실습생'도 이 법을 적용받는가? · · · · · · · · 39

017 '특수형태근로종사자'도 이 법을 적용받는가? · · · · · · 40

018 중대재해처벌법에서 '사업주'란? · · · · · · · · · 43

019 '도급사업주' 등도 이 법을 적용받는가? · · · · · · · 45

020 사업주 등이 '실질적으로 지배·운영·관리한다'라는 의미는? · 46

021 '사업의 경영책임자등'이란? · · · · · · · · · · · 47

022 '안전보건관리책임자'는 경영책임자인가? · · · · · · · 49

023 '안전 담당 이사'가 이 법의 경영책임자가 될 수 있는가? · · · 51

024 '공사 감리자'는 이 법의 경영책임자에 해당하는가? · · · · · 52

025 '공공부문의 경영책임자'란? · · · · · · · · · · · 53

제2장 중대산업재해

026 중대산업재해는 모든 사업 또는 사업장에 적용되는가? · · · · 57

027 '상시근로자 수'는 어떻게 산정하는가? · · · · · · · · · · 59

028 상시근로자 수에 파견, 용역, 위탁 관계에 있는
　　근로자도 포함되는가? ⋯⋯⋯⋯⋯⋯⋯⋯⋯ 61

029 상시근로자 수가 5명 미만인 원청업체 (도급인)의 사업에서,
　　상시근로자 수가 5명 이상인 하청업체(수급인)의 근로자에게
　　중대산업재해가 발생하면 누가 처벌받는가? ⋯⋯⋯⋯ 62

030 이 법은 국내에서 사업하는 외국 기업에게도 적용되는가? ⋯ 63

031 중대재해처벌법은 언제부터 시행되는가? ⋯⋯⋯⋯ 64

제3장 안전보건 확보의무

032 사업주의 안전보건 확보의무란? ⋯⋯⋯⋯⋯⋯⋯ 69

033 중대산업재해가 발생하면 무조건 사업주나
　　경영책임자등을 처벌하는가? ⋯⋯⋯⋯⋯⋯⋯⋯ 70

034 안전보건 관리체계의 구축 및 그 이행에 관한 조치란? ⋯⋯ 71

035 사업 또는 사업장의 안전보건에 관한 목표와 경영방침이란? ⋯ 73

036 안전보건에 관한 업무를 총괄·관리하는 전담 조직이란? ⋯⋯ 74

037 전담 조직원은 겸직이 가능한가? ⋯⋯⋯⋯⋯⋯⋯ 75

038 모든 사업장이 안전보건 업무를 총괄·관리하는
　　전담 조직을 구성할 법적 의무가 있는가? ⋯⋯⋯⋯ 76

039 유해·위험요인의 확인·개선·점검이란? ⋯⋯⋯⋯⋯ 78

040 유해·위험요인의 확인·개선·점검을 면제받는 방법은 없는가?   80

041 '끼임' 재해의 예방조치 방안은?   82

042 '떨어짐' 재해의 예방조치 방안은?   83

043 '화재·폭발' 재해의 예방조치 방안은?   84

044 '질식' 재해의 예방조치 방안은?   85

045 비정형 작업의 재해 예방조치는?   88

046 유해물질 관리방안은?   90

047 위험물질 관리방안은?   91

048 재해예방을 위한 예산 편성이란?   93

049 「건설업 산업안전보건관리비계상 및 사용기준」은
     재해예방을 위해 필요한 인력, 시설 및 장비 구입에
     필요한 예산의 기준이 될 수 있는가?   94

050 '안전보건관리책임자 등'의 충실한 업무수행을 위한 조치란?   95

051 '안전보건관리책임자'는 어떤 일을 하는가?   96

052 '관리감독자'는 어떤 일을 하는가?   99

053 '안전보건총괄책임자'는 어떤 일을 하는가?   101

054 안전관리자, 보건관리자, 안전보건관리담당자 및
     산업보건의의 배치란?   103

055 '안전관리자'는 어떤 일을 하는가?   105

056 '보건관리자'는 어떤 일을 하는가?   108

057 '안전보건관리담당자'는 어떤 일을 하는가? · · · · · · 110

058 '산업보건의'는 어떤 일을 하는가? · · · · · · 111

059 안전보건에 관한 종사자의 의견 청취 방법과 절차는? · · · · 113

060 산업안전보건위원회 또는 안전보건에 관한 협의체에서
심의·의결·협의 사항이란? · · · · · 115

061 중대산업재해 발생 및 발생이 급박한 위험에 대비한
매뉴얼 마련 및 점검이란? · · · · · 117

062 도급, 용역, 위탁 등의 경우 종사자의 안전보건
확보를 위한 조치란? · · · · · 119

063 재해 발생 시 재발방지 대책의 수립 및
그 이행에 관한 조치란? · · · · · · · 121

064 경미한 사고도 재발방지 대책을 수립하고
그 이행에 관한 조치를 해야 하는가? · · · · · 122

065 중앙행정기관 및 지방자치단체가
개선·시정을 명한 사항이란? · · · · · 124

066 안전보건 관계 법령에 따른 의무이행에 필요한
관리상의 조치란? · · · · · 125

067 '건설공사 발주자'도 도급인인가? · · · · · 127

068 '임대인'도 이 법의 안전보건 확보의무가 있는가? · · · · · · 128

069 중대산업재해에 대한 처벌 대상과 처벌 기준은? · · · · · · 129

070 중대산업재해가 발생하면 법인이나 기관도 처벌받는가? · · · 131

071 중대재해처벌법의 처벌을 받으면
    산안법의 처벌은 없는가? · · · · · · · · · · · · · · 133

072 '노무에 종사하지 않는 수급인'이 재해를 당한 경우에도
    도급인이 처벌받는가? · · · · · · · · · · · · · · · · 134

073 근로자의 실수나 안전수칙 위반으로 인한
    중대산업재해가 발생하여도 사업주 등이
    형사처벌을 받는가? · · · · · · · · · · · · · · · · · 135

074 중대재해로 손해를 입은 사람의 손해에 대한
    징벌적 손해배상이란? · · · · · · · · · · · · · · · · 137

075 사업주나 경영책임자등이 이 법을 위반한
    중대산업재해는 고의 범죄인가? · · · · · · · · · · 139

076 중대산업재해가 발생한 법인 또는 기관의
    경영책임자등이 받아야 할 안전보건교육이란? · · · · · · 140

077 경영책임자등이 안전보건교육을
    받지 않아도 제재가 없는가? · · · · · · · · · · · · 142

제4장 중대시민재해

078 '중대시민재해'란 무엇인가? · · · · · · · · · · 147

079 '자연재난재해'도 중대시민재해인가? · · · · · · · · · · 149

080 중대시민재해의 적용 범위는? · · · · · · · · · · 151

081 중대시민재해의 적용 시기는 언제부터인가? · · · · · · · 152

082 중대시민재해를 예방할 의무가 있는 사업자 또는
경영책임자등은 누구인가? · · · · · · · · · · 153

083 중대시민재해 예방을 위한 사업주와
경영책임자등의 안전보건 확보의무란? · · · · · · · · 154

084 중대시민재해의 제조·설계·관리상의
결함의 대상이 되는 원료·제조물이란? · · · · · · · · · 155

085 원료·제조물 관련 안전보건 관리체계의
구축 및 이행 조치란? · · · · · · · · · 157

086 원료·제조물 관련 안전보건 관계 법령에 따른
의무이행에 필요한 관리상의 조치란? · · · · · · · · 161

087 '버스의 결함'으로 인한 사고가 났을 때 이 법의 적용 여부? · · · 163

088 이 법이 적용되는 '공중이용시설'이란? · · · · · · · · · 164

089 이 법이 적용되는 '공중교통수단'이란? · · · · · · · · · 174

090 공중이용시설·공중교통수단 관련 안전보건 관리체계 구축 및
이행에 관한 조치란? · · · · · · · · · 175

091 공중이용시설·공중교통수단 관련 안전보건
관계 법령에 따른 의무이행에 필요한 관리상의 조치란? · · · 179

092 공중이용시설과 공중교통시설 관련 안전보건 법령이란? · · · 180

093 원료나 제조물 관련 중대시민재해가 발생하면
사업주 등이 취해야 할 조치는? · · · · · · · · · 182

094 중대시민재해가 발생하면 사업주 또는 경영책임자등은
어떤 처벌을 받는가? · · · · · · · · · 184

095 중대시민재해가 발생하면 법인이나 기관도 처벌받는가? · · · 185

096 중대시민재해도 징벌적 손해배상이 적용되는가? · · · · · 186

제5장 보칙

097 왜 중대산업재해 발생 사실을 공표하는가? · · · · · · · 191

098 법원은 이 법 위반 여부에 관한 형사재판에서 직권으로
　　피해자 또는 그 법정대리인을 증인으로 신문할 수 있는가? · · · 193

099 안전보건 관련 조치 등의 이행사항에 관한 서면은
　　언제까지 보관해야 하는가? · · · · · · · · · · 194

100 중대산업재해 예방을 위하여 정부의 지원은 없는가? · · · · · 195

부록

부록 1. 중대재해처벌법령 · · · · · · · · · · · · · 201

부록 2. 중대산업재해 관련 서식 · · · · · · · · · · · 223

　　서식1 안전보건 경영방침 작성 예시 · · · · · · · · · 223

　　서식2 경영자 리더쉽 · · · · · · · · · · · · · 224

　　서식3 안전보건 관리체계 이해 · · · · · · · · · 225

　　서식4 근로자 참여 · · · · · · · · · · · · · 226

서식5 위험요인 파악 · · · · · · · · · · · · · · · · · · 227

서식6 위험요인 제거·대체 및 통제 · · · · · · · · · · · 228

서식7 비상조치 계획 수립 · · · · · · · · · · · · · · · 229

서식8 도급·용역·위탁 시 안전보건 확보 · · · · · · · · · 230

서식9 안전보건 관리체계 이행 평가 및 개선 · · · · · · · · 231

서식10 안전보건 목표 및 추진계획서 작성 예시(1) · · · · · · 232

서식11 안전보건 목표 및 추진계획서 작성 예시(2) · · · · · · 233

서식12 위험기계·기구·설비 목록 작성 서식 예시 · · · · · · 234

서식13 유해·위험물질 목록 작성 서식 예시 · · · · · · · · 235

서식14 작업별 위험관리 대장 활용 서식 예시 · · · · · · · · 236

서식15 KRAS 시스템 위험성평가표 작성 예시 · · · · · · · · 237

서식16 안전보건 예산 편성항목 예시 · · · · · · · · · · · 238

서식17 안전보건 전문인력 평가 기준 및 평가표 예시 · · · · · 239

서식18 안전보건 전문인력 등 배치표 및 담당업무 · · · · · · 240

서식19 협착사고 발생 시 대응 시나리오(처리 흐름도) · · · · 242

서식20 추락사고 대응 시나리오 작성 예시 · · · · · · · · 243

서식21 질식, 감전 재해 대응 시나리오 작성 예시 · · · · · · 244

서식22 도급·용역·위탁 업체 안전보건 수준 평가 예시 · · · 245

서식23 안전작업허가서 활용 서식 · · · · · · · · · · · 246

서식24 사고조사 보고서 서식 · · · · · · · · · · · 247

서식25 재해 감소대책 수립 및 실행 계획서 작성 서식 · · · · 248

서식26 아차 사고 보고서 양식 예시 · · · · · · · · · · · 249

서식27 연간 교육계획 수립 서식 · · · · · · · · · · · 250

참고문헌 · · · · · · · · · · · · · · · · · · · 251

제1장
총칙

A 중대재해를 예방하여 사업의 종사자와 시민의 생명과 신체를 보호하기 위하여 필요하다.

✓ 중대재해란

- 사업주, 법인 또는 기관 등이 운영하는 사업장 등에서 근로자를 포함한 종사자 등에게 발생한 중대산업재해와
- 공중이용시설 또는 공중교통수단을 운영하거나 위험한 원료 및 제조물을 취급하면서 안전보건 확보의무를 위반하여 시민에게 인명 사고가 발생하는 중대시민재해가 있다.

✓ 이 법은 중대재해를 발생시킨 사업주, 경영책임자, 공무원 및 법인의 처벌을 규정한 특별형법이다.

- 사업의 근로자를 포함한 종사자와 일반시민의 안전권을 확보하여 생명과 신체를 보호할 필요성이 있다.
- 사업주 또는 경영자등에게 사업의 안전보건 관리체계를 구축하여 안전보건 확보의무를 이행하게 한다.
- 산업안전보건법(이하 "산안법"이라 한다.) 등의 안전보건 관련 법령에 따른 안전보건조치가 철저하게 이루어지도록 하여 중대재해를 예방하려는 목적이 있다.
- 산안법이 안전보건 세부기준 준수를 규정한 것과는 구별된다.

Q 2 산안법만으로는 재해예방이 불가능한가?

A 산안법만으로는 재해예방에 한계가 있었다.

✓ 산안법은 사업 또는 사업장의 산업안전 및 보건에 관한 기준을 확립하고, 그 책임 소재를 명확하게 하여 산업재해를 예방하는 데 주된 목적이 있다.

- 산안법은 사업장에 대한 구체적인 안전보건기준 및 그에 따른 사업주의 조치의무와 해당 사업장의 산업재해 예방에 대한 책임자 등에 관하여 규정하고 있다.
- 산안법은 산업재해가 발생하면 주로 안전보건 업무 관리책임자를 행위자로 보아 책임을 묻기 때문에 중대재해가 발생해도 경영자등을 처벌하기가 어려웠다.
- 따라서 중대재해를 예방하기 위하여 안전보건에 대한 경영자의 의지와 안전보건이 경영방침의 목표가 되게 하여 중대재해를 예방하기 위한 노력이 필요하다.

✓ 또한 공중이용시설 또는 공중교통수단을 운영하거나 위험한 원료 및 제조물을 취급하면서 안전보건 확보의무를 위반하여 발생한 중대시민재해에도 사업주나 경영책임자를 처벌하는데 상당한 어려움이 있어, 중대시민재해에 대하여 따로 규제할 필요성이 있다.

산업안전보건법과 중대재해처벌법(중대산업재해) 비교		
구 분	산업안전보건법	중대재해처벌법(중대산업재해)
의무 주체	− 사업주(법인사업주+개인사업주) − 다만, 현장소장, 공장장 등 각 사업장 단위의 안전보건관리책임자를 행위자로 처벌	− 개인사업주, 경영책임자등
보호 대상	노무를 제공하는 사람(근로자, 수급인의 근로자, 특수형태근로고용종사자)	종사자(근로자, 노무제공자, 수급인, 수급인의 근로자 및 노무제공자)
적용 범위 적용 범위	− 전 사업장 적용 (다만, 안전보건관리체제는 50인 이상 적용)	− 2022. 1. 27부터 적용: 50인 이상의 사업(장) 또는 50억 원 이상의 건설공사 − 2024. 1. 27부터 적용: 5인 이상 사업장
재해 정의	◆ 중대재해: 산업재해 중 ① 사망자 1명 이상 ② 3개월 이상 요양이 필요한 부상자 동시 2명 이상 ③ 부상자 또는 직업성 질병자 동시 10명 이상	◆ 중대산업재해: 산안법상 산업재해 중 ① 사망자 1명 이상 ② 동일한 사고로 6개월 이상 치료가 필요한 부상자 2명 이상 ③ 동일한 유해요인으로 급성중독 등 직업성 질병자 1년 이내에 3명 이상
의무 내용	◆ 사업주의 안전조치 ① 프레스·공작기계 등 위험기계나 폭발성 물질 등 위험물질 사용시 ② 굴착·발파 등 위험한 작업시 ③ 추락하거나 붕괴할 우려가 있는 등 위험한 장소에서 작업시 ◆ 사업주의 보건조치 ① 유해가스나 병원체 등 위험물질 ② 신체에 부담을 주는 등 위험한 작업 ③ 환기·청결 등 적정기준 유지	◆ 개인사업주 또는 경영책임자등의 종사자에 대한 안전·보건 확보 의무 ① 안전보건관리체계의 구축 및 이행에 관한 조치 ② 재해 재발방지 대책의 수립 및 이행에 관한 조치 ③ 중앙행정기관 등이 관계 법령에 따라 시정 등을 명한 사항 이행에 관한 조치 ④ 안전보건 관계 법령상 의무이행에 필요한 관리상의 조치
처벌 수준 처벌 수준	◆ 자연인 − 사망: 7년 이하 징역 또는 1억 원 이하 벌금 − 안전·보건조치위반: 5년 이하 징역 또는 5천만 원 이하 벌금 ◆ 법인 − 사망: 10억 원 이하 벌금 − 안전·보건조치위반: 5천만 원 이하 벌금	◆ 자연인 − 사망: 1년 이상 징역 또는 10억 원 이하 벌금(병과 가능) − 부상·질병: 7년 이하 징역 또는 1억 원 이하 벌금 ◆ 법인 − 사망: 50억 원 이하 벌금 − 부상·질병: 10억 원 이하 벌금
징벌적 손해 배상	− 해당없음	− 해당 있음(최고 5배)

(고용노동부/안전보건공단, 중대재해처벌법 및 시행령 주요내용
−산업재해를 중심으로−, 2022, 41~43쪽에서 인용)

Q 3	산안법의 '산업재해'란?

A	'노무를 제공하는 사람'이 업무에 관계되는 건설물·설비·원재료·가스·증기·분진 등에 의하거나 작업 또는 그 밖의 업무로 인하여 사망 또는 부상하거나 질병에 걸리는 것을 말한다.

✓ 산안법의 산업재해는, 업무와 관련성을 가지는 건설물이나 설비·원재료·가스·증기·분진 등 유해하거나 하거나, 위험한 물질 요인 등 작업환경, 작업 내용, 작업방식 등에 따른 위험, 업무 그 자체에 내재하고 있는 위험 등으로 인하여 노무를 제공하는 사람에게 발생한 사망·부상 또는 질병을 말한다.

✓ '노무를 제공하는 사람'은 그 사업의 근로자뿐만 아니라 특수형태근로종사자(Q.17 참조)도 포함한다

✓ 산업재해보상보험법(이하 "산재보험법"이라 한다.)의 업무상 재해는,

- 업무상의 사유에 따른 근로자의 부상·질병·장해 또는 사망을 말한다.
- 특수형태근로종사자, 현장실습생 등도 예외적으로 보호하고 있다.
- 근로자의 출퇴근 중의 재해도 보상한다.

Q 4	중대재해처벌법의 '중대산업재해'는 산안법의 '중대재해'와 같은 것인가?
A	중대재해처벌법의 '중대산업재해'는 산안법의 '중대재해'와는 부상이나 질병의 정도가 다르다.

✓ 비교(사망자 발생은 동일함)

중대산업재해(중대재해처벌법)	중대재해(산안법)
1. 사망자가 1명 이상 발생 2. 동일한 사고로 6개월 이상 치료가 필요한 부상자가 2명 이상 발생 3. 동일한 유해요인으로 급성중독 등 대통령령으로 정하는 직업성 질병자가 1년 이내에 3명 이상 발생	1. 사망자가 1명 이상 발생한 재해 2. 3개월 이상의 요양이 필요한 부상자가 동시에 2명 이상 발생한 재해 3. 부상자 또는 직업성 질병자가 동시에 10명 이상 발생한 재해

✓ 산안법의 중대재해 발생 시 사업주 조치내용

- 즉시 해당 작업을 중지시키고, 근로자를 작업 장소에서 대피시키는 등 안전보건에 관한 필요한 조치를 이행해야 한다.

- 중대재해가 발생한 사실을 지체 없이(실무적으로는 24시간 이내) 고용노동부장관에게 보고해야 한다.

- 산안법의 중대재해가 발생했을 때, 다음과 같은 상황이면 고용노동부장관은 작업중지 조치를 해야 한다.

  » 중대재해가 발생한 해당 작업이나 동일한 작업에서 해당 사업장에 산업재해가 재발할 급박한 위험이 있다고 판단될 때

  » 토사·구축물의 붕괴, 화재·폭발, 유해하거나 위험한 물질의 누출 등으로 인하여 산업 재해가 확산할 수 있다고 판단될 때

✓ 중대재해처벌법은 사업 또는 사업장에 중대산업재해가 발생하거나 발생할 급박한 위험이 있을 경우를 대비하여 다음의 조치에 관한 매뉴얼을 마련하고, 해당 매뉴얼에 따라 조치하는지를 반기에 1회 이상 점검하여야 한다.

- 작업중지, 근로자 대피, 위험요인 제거 등 대응조치
- 중대산업재해를 입은 사람에 대한 구호 조치
- 추가 피해방지를 위한 조치

'중대산업재해'란 무엇인가?

A

'중대산업재해'란 산안법의 '산업재해' 중에서,
1. 사망자가 1명 이상 발생한 재해
2. 동일한 사고로 6개월 이상 치료가 필요한 부상자가 2명 이상 발생한 재해
3. 동일한 유해요인으로 급성중독 등 대통령령으로 정하는 직업성 질병자가 1년 이내에 3명 이상 발생한 재해를 말한다.

✓ 산안법의 '산업재해'는,

- 업무와 관련성을 가지는 건설물이나 설비·원재료·가스·증기·분진 등 유해하거나, 위험한 물질 요인 등 작업환경, 작업내용, 작업방식 등에 따른 위험, 업무 그 자체에 내재하고 있는 위험 등으로 인하여 노무를 제공하는 사람에게 발생한 사망·부상 또는 질병을 말한다.

✓ 중대재해처벌법의 '중대산업재해'는 산안법의 '산업재해' 중에서 다음과 같은 재해를 말한다.

1. 사망자가 1명 이상 발생한 재해
2. 동일한 사고로 6개월 이상 치료가 필요한 부상자가 2명 이상 발생한 재해
3. 동일한 유해요인으로 급성중독 등 대통령령으로 정하는 직업성 질병(Q.11)자가 1년 이내에 3명 이상 발생한 재해

Q 6 사망자가 1명 이상 발생한 재해란?

A 노무를 제공하는 사람의 사망 원인이 사고뿐만 아니라 직업성 질병에 의한 사망도 포함된다.

✓ 노무를 제공하는 사람이 업무에 관계되는 건설물·설비·원재료·가스·증기·분진 등에 의하거나 작업 또는 그 밖의 업무로 인하여 사망하여야 한다.

- 산안법의 산업재해에 해당한다면 사고에 의한 사망뿐만 아니라 직업성 질병에 의한 사망도 중대산업재해에 해당한다.

- 직업성 질병에 의한 사망은 업무에 관계되는 유해·위험요인에 의하거나 작업 등의 업무로 인하여 발생하였음이 명확하여야 할 것이다.

- 질병으로 인한 사망은 종사자 개인의 고혈압이나 당뇨 등의 지병, 생활 습관 등 다양한 요인이 영향을 미칠 수 있으므로 질병의 원인이 업무로 인한 것인지는 구체적인 사정을 종합적으로 고려하여 판단하여야 한다.

- 부상 또는 질병이 발생한 날부터 일정한 시간이 지나서 사망하면 그 종사자가 사망한 때에 중대산업재해가 발생한 것으로 본다.

✓ 사업 또는 사업장에서 사망한 자가 그 사업 또는 사업장에서 대가를 목적으로 노무를 제공하는 사람이 아니면 산업재해가 아니기 때문에 중대산업재해도 아니다.

Q 7	동일한 사고로 6개월 이상 치료가 필요한 부상자가 2명 이상 발생한 재해란?
A	하나의 사고 또는 장소적·시간적으로 근접성을 갖는 일련의 과정에서 발생한 사고로 인하여 6개월 이상 치료가 필요한 부상자가 2명 이상 발생한 경우를 말한다.

✓ 동일한 사고란

- 하나의 사고 또는 장소적·시간적으로 근접성을 갖는 일련의 과정에서 발생한 사고로 인하여 6개월 이상 치료가 필요한 부상자가 2명 이상 발생한 경우를 말한다.
- 사고가 발생하게 된 유해·위험요인 등 그 원인이 같은 경우라도 시간적·장소적 근접성이 없으면 별개의 사고로 본다.

✓ 6개월 이상 치료가 필요한 부상

- '6개월 이상 치료가 필요한 기간'이란 해당 부상과 그로 인한 합병증 등에 대한 직접적 치료행위가 6개월 이상 필요한 경우를 말한다.
- 재활에 필요한 기간 등은 원칙적으로 치료기간에 포함하지 않는다.
- 치료기간이 최초 진단일은 6개월 미만이었으나, 치료 기간이 연장되어 6개월 이상 치료가 필요한 부상자가 2명 이상 발생하게 되면, 그 진단한 시점에 중대산업재해가 발생한 것으로 판단한다.

Q 8	'직장 내 괴롭힘'으로 인한 근로자의 자살도 이 법의 규제 대상인가?
A	'직장 내 괴롭힘'으로 인한 근로자의 자살을 이 법의 규제 대상으로 보기에는 무리하다.

✓ '직장 내 괴롭힘'이란 사용자 또는 근로자가 직장에서의 지위 또는 관계 등의 우위를 이용하여 업무상 적정범위를 넘어 다른 근로자에게 신체적·정신적 고통을 주거나 근무환경을 악화시키는 행위이다.

✓ 산안법의 '산업재해'는 '노무를 제공하는 사람'이 업무에 관계되는 건설물·설비·원재료·가스·증기·분진 등에 의하거나 '작업 또는 그 밖의 업무로 인하여 사망 또는 부상하거나 질병에 걸리는 것'을 말한다.

✓ '중대산업재해'란 산안법의 '산업재해' 중에서 사망재해를 포함하고 있으며, 직장 내 괴롭힘으로 인한 근로자의 극단적 선택은 '작업 또는 그 밖의 업무로 인하여 사망'한 경우에 해당할 수 있다.

✓ 따라서 '직장 내 괴롭힘'으로 인한 근로자의 자살도 중대산업재해가 될 여지가 있으나, 이 법의 목적인 '사업주의 안전보건 조치 의무를 위반한 인명피해'라고 하기가 쉽지 않기 때문에 개별 사안에 따라 구체적인 사정을 종합적으로 고려하여 판단해야 할 것이다.

Q 9	'출퇴근 재해'도 이 법이 적용되는가?
A	근로자가 자기 차량 이용 또는 대중교통이나 도보로 인한 '출퇴근 재해'는 이 법이 적용되지 않는다.

✓ '출퇴근'이란 근로자가 취업과 관련하여 주거와 취업장소 또는 한 취업장소에서 다른 취업장소로 이동하는 것을 말한다.

✓ 근로자가 자기 차량을 이용한 출퇴근은, 차량의 소유·관리권과 경로 선택권이 근로자에게 귀속되어, 사업주의 지배·운영·관리권이 미치지 아니하여 이 법이 적용되지 않으며, 대중교통이나 도보로 인한 출퇴근도 마찬가지이다.

✓ 통근버스같이 차량이 회사 소유라면, 사업주가 그 차량에 대한 실질적인 지배·운영·관리 책임이 있으므로 중대재해 처벌법이 적용될 것이다.

✓ 협력 업체와 차량 용역 계약을 맺고 통근버스를 운영할 때는 사업주가 그 차량에 대한 실질적인 지배·운영·관리 책임이 있는가에 따라 결정될 것이다.

✓ 출퇴근 때에 시외버스나 도시철도 등을 이용하다가 발생한 재해는 중대산업재해는 아니지만, 중대시민재해가 될 수 있을 것이다.

Q 10 '직업성 질병'도 중대산업재해에 포함되는가?

A 동일한 유해요인으로 질병자가 1년에 3명 이상 발생하면 중대산업재해이다.

✓ '유해요인'이란, 이 법 시행령 [별표 1]에서 규정한 급성중독 등 직업성 질병의 원인으로, 각종 화학적 유해인자, 유해 작업 등을 말한다.

- 【예시 1】
  염화비닐·유기주석·메틸브로마이드(bromomethane)·일산화탄소·납 또는 그 화합물·수은 또는 그 화물·크롬 또는 그 화합물·벤젠·이산화질소 등.

- 【예시 2】
  보건의료 종사자의 작업(혈액 관련), 습한 상태에서의 작업, 오염된 냉각수에 노출된 작업, 산소농도가 부족한 장소에서의 작업, 고열작업 또는 폭염작업 등.

✓ '유해요인의 동일성'이란, 노출된 각 유해인자와 유해물질의 성분, 작업의 양태 등이 객관적으로 동일성이 인정되는 경우를 말한다.

- 다수의 종사자에게 발생한 급성중독 등 직업성 질병 발생 원인이 동일하다고 객관적으로 증명되면, 각 종사자 간의 유해요인 노출시기와 장소가 다르고, 직업성 질병 발생시기가 달라도 동일한 유해요인으로 판단할 수 있다.

✓ 1년 이내에 3명 이상 발생

- 동일한 유해요인으로 직업성 질병자가 1년 이내에 3명이 발생한 시점에 중대산업재해가 발생한 것으로 판단한다.
- 발병일은 유해·위험요인에 노출된 날이다.
- 노출된 날을 그 발생일로 특정할 수 없으면 의사의 최초소견일을 발생일로 판단한다.
- 1년 이내를 판단하는 기산점은 세 번째 직업성 질병자가 발생한 날로부터 역산하여 1년을 산정한다.
- 직업성 질병이 발생하는 종사자들이 하나의 사업에 소속되어 있다면, 사업장이나 발생 시점을 달리해도 중대산업재해에 해당한다고 판단한다.

  【예시】

  ❶ 폭염 경보가 발령된 상태에서 여러 사업장에서 폭염에 노출되어 작업한 경우

  ❷ 사업장이 여러 곳에 분산되었어도 각 사업장의 용광로에서 광물을 제련하는 동일·유사한 공정의 고열작업을 한 경우

Q 11	'직업성 질병'이란?

A	'직업성 질병'이란, 작업환경 및 일과 관련된 활동에 기인한 건강장해를 말하며, 이 법 시행령 [별표 1]에서는 24가지의 직업성 질병을 규정하고 있다.

✓ 직업성 질병의 발병유형으로는,

- 중금속 유기용제 중독
- 생물체에 의한 감염 질환
- 기온·기압 등에 기인한 질병 등이 있다.

✓ 이 법 시행령 [별표 1]에서는 24가지의 직업성 질병을 규정하고 있으며, 고려요소는 다음과 같다.

- 인과관계의 명확성
- 사업주의 예방 가능성
- 피해의 심각성을 주된 고려 요소로 판단한다.

■ 중대재해 처벌 등에 관한 법률 시행령 [별표 1] 직업성 질병(제2조 관련)

1. 염화비닐·유기주석·메틸브로마이드(bromomethane)·일산화탄소에 노출되어 발생한 중추신경계장해 등의 급성중독

2. 납이나 그 화합물(유기납은 제외한다.)에 노출되어 발생한 납창백(蒼白), 복부 산통(産痛), 관절통 등의 급성중독

3. 수은이나 그 화합물에 노출되어 발생한 급성중독

4. 크롬이나 그 화합물에 노출되어 발생한 세뇨관 기능 손상, 급성 세뇨관 괴사, 급성신부전 등의 급성중독

5. 벤젠에 노출되어 발생한 경련, 급성 기질성 뇌증후군, 혼수상태 등의 급성중독

6. 톨루엔(toluene)·크실렌(xylene)·스티렌(styrene)·시클로헥산(cyclohexane)·노말헥산(n-hexane)·트리클로로에틸렌(trichloroethylene) 등 유기화합물에 노출되어 발생한 의식장해, 경련, 급성 기질성 뇌증후군, 부정맥 등의 급성중독

7. 이산화질소에 노출되어 발생한 메트헤모글로빈혈증(methemoglobinemia), 청색증(靑色症) 등의 급성중독

8. 황화수소에 노출되어 발생한 의식 소실(消失), 무호흡, 폐부종, 후각신경마비 등의 급성중독

9. 시안화수소나 그 화합물에 노출되어 발생한 급성중독

10. 불화수소·불산에 노출되어 발생한 화학적 화상, 청색증, 폐수종, 부정맥 등의 급성중독

11. 인[백린(白燐), 황린(黃燐) 등 금지물질에 해당하는 동소체(同素體)로 한정한다]이나 그 화합물에 노출되어 발생한 급성중독

12. 카드뮴이나 그 화합물에 노출되어 발생한 급성중독

13. 다음 각 목의 화학적 인자에 노출되어 발생한 급성중독

    가. 「산업안전보건법」 제125조 제1항에 따른 작업환경측정대상 유해인자 중 화학적 인자

    나. 「산업안전보건법」 제130조 제1항 제1호에 따른 특수건강진단 대상 유해인자 중 화학적 인자

14. 디이소시아네이트(diisocyanate), 염소, 염화수소 또는 염산에 노출되어 발생한 반응성 기도과민증후군

15. 트리클로로에틸렌에 노출(해당 물질에 노출되는 업무에 종사하지 않게 된 후 3개월이 지난 경우는 제외한다.)되어 발생한 스티븐스존슨 증후군(stevens-johnson syndrome). 다만, 약물, 감염, 후천성면역결핍증, 악성 종양 등 다른 원인으로 발생한 스티븐스존슨 증후군은 제외한다.

16. 트리클로로에틸렌 또는 디메틸포름아미드(dimethylforma-mide)에 노출(해당 물질에 노출되는 업무에 종사하지 않게 된 후 3개월이 지난 경우는 제외한다.)되어 발생한 독성 간염. 다만, 약물, 알코올, 과체중, 당뇨병 등 다른 원인으로 발생하거나 다른 질병이 원인이 되어 발생한 간염은 제외한다.

17. 보건의료 종사자에게 발생한 B형 간염, C형 간염, 매독 또는 후천성면역결핍증의 혈액전파성 질병

18. 근로자에게 건강장해를 일으킬 수 있는 습한 상태에서 하는 작업으로 발생한 렙토스피라증(leptospirosis)

19. 동물이나 그 사체, 짐승의 털·가죽, 그 밖의 동물성 물체를 취급하여 발생한 탄저, 단독(erysipelas) 또는 브루셀라증(brucellosis)

20. 오염된 냉각수로 발생한 레지오넬라증(legionellosis)

21. 고기압 또는 저기압에 노출되거나 중추신경계 산소 독성으로 발생한 건강장해, 감압병(잠수병) 또는 공기색전증(기포가 동맥이나 정맥을 따라 순환하다가 혈관을 막는 것)

22. 공기 중 산소농도가 부족한 장소에서 발생한 산소결핍증

23. 전리방사선(물질을 통과할 때 이온화를 일으키는 방사선)에 노출되어 발생한 급성 방사선증 또는 무형성 빈혈

24. 고열작업 또는 폭염에 노출되는 장소에서 하는 작업으로 발생한 심부체온상승을 동반하는 열사병

'과로사'도 직업성 질병에 포함되는가?

A '과로사'와 관련이 있는 뇌·심혈관계질환은 이 법의 규제 대상 질병이 아니다.

✓ 직업성 질병은 이 법 시행령 [별표 1]에서는 24가지로 규정하고 있다. 따라서 여기에 규정된 질병만 이 법의 규제 대상 질병으로 보아야 할 것이다.

✓ 뇌·심혈관계질환은 연령·개인의 생활습관·건강상태 등에 따라 다르므로 정확한 인과관계를 따지기 어렵고 사업주에게 예방의무를 부과하기도 어렵다.

✓ 근로자가 과로 등으로 뇌·심혈관계질환이 산재보험법의 업무상 재해로 인정받아도, 이 법에서 규정한 질병이 아니므로 이 법으로 처벌하기는 어렵다고 해석된다.

✓ 이 법은 처벌이 엄격한 만큼 처벌 대상의 질병도 엄격하게 해석해야 할 것이며, 이 법은 '사업주의 안전보건 조치 의무를 위반한 인명피해'가 처벌 대상이다.

✓ 근골격계질환, 직업성 암, 소음성 난청 등도 이 법의 질병으로 규정하지 않았다.

Q 13	'업무 스트레스로 인한 자살'도 이 법의 적용을 받는가?
A	산재보험법에서도 자해행위는 원칙적으로 업무상 재해로 인정하지 않는다.

✓ 산재보험법에서도 근로자의 고의·자해행위나 범죄행위 또는 그것이 원인이 되어 발생한 부상·질병·장해 또는 사망은 업무상의 재해로 보지 아니한다. 다만, 그 부상·질병·장해 또는 사망이 정상적인 인식능력 등이 뚜렷하게 낮아진 상태에서 한 행위로 발생한 경우로서 다음과 같은 사유가 있으면 업무상의 재해로 본다.

- 업무상의 사유로 발생한 정신질환으로 치료를 받았거나 받고 있는 사람이 정신적 이상 상태에서 자해행위를 한 경우
- 업무상의 재해로 요양 중인 사람이 그 업무상의 재해로 인한 정신적 이상 상태에서 자해행위를 한 경우
- 그 밖에 업무상의 사유로 인한 정신적 이상 상태에서 자해행위를 하였다는 상당인과관계가 인정되는 경우

✓ 이처럼 자살은 아주 예외적인 경우에 한하여 업무상 재해로 인정되고, 정신질환은 이 법에서 정한 업무상 질병이 아니기 때문에 구체적인 사정에 따라 종합적인 판단이 필요할 것이다.

Q 14	중대재해처벌법에서의 '종사자'란?
A	가. 「근로기준법」상의 근로자 나. 도급, 용역, 위탁 등 계약의 형식에 관계없이 그 사업의 수행을 위하여 대가를 목적으로 노무를 제공하는 자 다. 사업이 여러 차례의 도급에 따라 행하여지는 경우에는 각 단계의 수급인 및 수급인의 근로자 또는 대가를 목적으로 노무를 제공하는 자를 이 법의 종사자라고 한다.

✓ 이 법에서 '종사자'는 보호대상이다. 종사자가 중대산업재해를 당하면 사업주나 경영책임자등에게 처벌이 가해진다.

✓ '근로자'란 직업의 종류와 관계없이 임금을 목적으로 사업이나 사업장에 근로를 제공하는 사람을 말한다.

✓ 대가를 목적으로 노무를 제공하는 사람

- 직종과 관계없이 다수의 사업에 노무를 제공하거나 타인을 사용하여도 대가를 목적으로 노무를 제공하는 자는 종사자가 된다(호기심이나 취미로 노무를 제공하는 자와 일반 방문자는 제외된다.).

- '대가를 목적으로'의 해석에 있어서 반드시 금전적 대가일 필요는 없다고 한다.

✓ 수급인 및 수급인과 근로관계 또는 노무를 제공하는 관계에 있는 자

- 사업이 여러 차례의 도급에 따라 행하여지는 경우

  » 각 단계의 수급인

  » 각 단계의 수급인과 근로계약 관계가 있는 사람

  » 각 단계의 수급인에게 대가를 목적으로 노무를 제공하는 사람도 종사자에 포함된다.

Q 15	'공무원'도 근로자로 볼 수 있는가?
A	'공무원'도 임금을 목적으로 근로를 제공하는 사람으로서 근로기준법상의 근로자에 해당한다.

✓ 공무원도 임금을 목적으로 근로를 제공하는 근로기준법 소정의 근로자여서 공무원연금법, 공무원보수규정 등에 특별한 규정이 없는 경우에는 원칙적으로 근로기준법이 적용된다.

✓ 다만, 공무원은 근로기준법에 우선하여 국가공무원법이나 지방공무원법 등의 적용을 받으며, 이러한 법령에서 정하지 않는 사항이나 명시적 배제 규정이 없는 사항은 그 성질에 반하지 않는 한 근로기준법이 적용된다.

✓ 공무원은 국민 전체에 대하여 봉사하고 책임을 지는 특별한 지위에 있지만, 본질적인 지위는 근로기준법의 근로자에 해당하고 중대재해처벌법이 근로계약 존부와 상관없이 노무를 제공하는 상황에 있는 자들의 안전을 도모하기 위한 법률이라는 기능적 의미까지 고려할 때 공무원도 이 법의 종사자에 해당한다.

A '현장실습생'의 근로제공 상태가 실질적인 근로관계인가에 따라 이 법의 적용 여부가 판단될 것이다.

✓ 산안법은 현장실습생을 근로자로 간주하고 있으나(제166조의2), 중대재해처벌법은 현장실습생에 대하여 별도의 규정이 없다.

✓ 현장실습생이란, 직업교육훈련촉진법상의 취업 및 직무수행에 필요한 지식·기술 및 태도를 습득할 수 있도록 직업현장에서 실시하는 직업교육 및 훈련을 받는 사람이다.

✓ 원칙적으로 현장실습생은 근로기준법상의 근로자가 아니고, 도급 등을 매개로 하여 임금 등 금전적 대가를 목적으로 노무를 제공하는 자도 아니다.

✓ 기본적으로 현장실습생은 교육을 목적으로 근로를 경험하는 사람이지, 금전적 대가를 목적으로 노무를 제공하는 것이 아니다.

✓ 따라서 현장실습생의 근로제공 상태가 실질적인 근로관계인지에 따라 이 법의 적용 여부가 판단될 것이다.

A　'특수형태근로종사자'는 이 법을 적용받는다.

✓ 중대재해처벌법은 산안법과는 달리 특수형태근로종사자의 개념을 별도로 규정하지 않았다.

✓ 산안법은 근로기준법이 적용되지 아니하는 특수형태근로종사자들을 노무를 제공받는 자와 사이에 실질적 고용관계가 없어도 보호대상으로 포함하고 있다(산안법 제77조).

✓ 중대재해처벌법은 생산활동에 참여하여 노무를 제공하는 모든 사람의 안전을 확보하기 위하여, 특수형태근로종사자를 '종사자'에 해당한다고 본다.

✓ 특수형태근로자의 범위는 다음과 같다(산안법 시행령 제67조).

　　1. 보험을 모집하는 사람으로서 다음 각 목의 어느 하나에 해당하는 사람

　　　가. 「보험업법」 제83조 제1항 제1호에 따른 보험설계사

　　　나. 「우체국예금·보험에 관한 법률」에 따른 우체국보험의 모집을 전업(專業)으로 하는 사람

　　2. 「건설기계관리법」 제3조 제1항에 따라 등록된 건설기계를 직접 운전하는 사람

3. 「통계법」제22조에 따라 통계청장이 고시하는 직업에 관한 표준분류(이하 "한국표준직업분류표"라 한다.)의 세세분류에 따른 학습지 방문강사, 교육 교구 방문강사, 그 밖에 회원의 가정 등을 직접 방문하여 아동이나 학생 등을 가르치는 사람

4. 「체육시설의 설치·이용에 관한 법률」제7조에 따라 직장체육시설로 설치된 골프장 또는 같은 법 제19조에 따라 체육시설업의 등록을 한 골프장에서 골프경기를 보조하는 골프장 캐디

5. 한국표준직업분류표의 세분류에 따른 택배원으로서 택배사업(소화물을 집화·수송 과정을 거쳐 배송하는 사업을 말한다.)에서 집화 또는 배송 업무를 하는 사람

6. 한국표준직업분류표의 세분류에 따른 택배원으로서 고용노동부장관이 정하는 기준에 따라 주로 하나의 퀵서비스업자로부터 업무를 의뢰받아 배송 업무를 하는 사람

7. 「대부업 등의 등록 및 금융이용자 보호에 관한 법률」제3조 제1항 단서에 따른 대출모집인

8. 「여신전문금융업법」제14조의2 제1항 제2호에 따른 신용카드 회원 모집인

9. 고용노동부장관이 정하는 기준에 따라 주로 하나의 대리운전업자로부터 업무를 의뢰받아 대리운전 업무를 하는 사람

10. 「방문판매 등에 관한 법률」제2조 제2호 또는 제8호의 방문판매원이나 후원방문판매원으로서 고용노동부장관이 정하는 기준에 따라 상시적으로 방문판매업무를 하는 사람

11. 한국표준직업분류표의 세세분류에 따른 대여 제품 방문점검원

12. 한국표준직업분류표의 세분류에 따른 가전제품 설치 및 수리원으로서 가전제품을 배송, 설치 및 시운전하여 작동상태를 확인하는 사람

13. 「화물자동차 운수사업법」에 따른 화물차주로서 다음 각 목의 어느 하나에 해당하는 사람

　가. 「자동차관리법」 제3조 제1항 제4호의 특수자동차로 수출입 컨테이너를 운송하는 사람

　나. 「자동차관리법」 제3조 제1항 제4호의 특수자동차로 시멘트를 운송하는 사람

　다. 「자동차관리법」 제2조 제1호 본문의 피견인자동차나 「자동차관리법」 제3조 제1항 제3호의 일반형 화물자동차로 철강재를 운송하는 사람

　라. 「자동차관리법」 제3조 제1항 제3호의 일반형 화물자동차나 특수용도형 화물자동차로 「물류정책기본법」 제29조 제1항 각 호의 위험물질을 운송하는 사람

14. 「소프트웨어 진흥법」에 따른 소프트웨어사업에서 노무를 제공하는 소프트웨어기술자

Q 18 중대재해처벌법에서 '사업주'란?

A
1. 자신의 사업을 영위하는 자
2. 타인의 노무를 제공받아 사업을 하는 자를 말한다.

✓ 산안법의 '사업주'는 원칙적으로 고용관계를 전제로 하지만, 중대재해처벌법은 고용관계에 있는 근로자는 물론 종사자까지 보호 대상으로 확대하여 타인의 노무를 제공받아 사업을 하는 자까지 사업주로 규정하고 있다.

✓ '자신의 사업을 영위하는 자'란, 타인으로부터 노무를 제공받는지를 불문하고 자신의 사업을 영위하는 자를 말한다.

✓ '타인의 노무를 제공받아 사업을 하는 자'란 사업의 손익이 자신에게 귀속하는지를 불문하고 타인의 노무를 제공받아 사업을 하는 자를 말한다.

✓ 여기서 '사업주'는 중대재해처벌법의 수범자로서의 개인사업주를 말한다.
  • 이 법은 모든 의무를 개인사업주와 경영책임자등에게 부과하고 있다.
  • 개인사업주가 아닌 사업주를 경영책임자등과 구분하여 법인 또는 기관으로 표현하고 있다.

- 따라서 중대재해처벌법에서 규정하는 사업주는 행위자로서 개인사업주만을 의미한다.
- 개인사업주인지는 명목상 사업주가 아닌 실질적인 사업주를 기준으로 판단해야 할 것이다.

✓ 특수형태근로종사자는 자신의 사업을 영위하는 동시에 타인에게 노무를 제공하는 이중적 지위를 가지지만 이 법의 '사업주'가 아니라 '종사자'에 해당한다.

Q 19 '도급사업주' 등도 이 법을 적용받는가?

A '도급사업주' 등도 그 시설, 장비, 장소 등에 대하여 실질적으로 지배·운영·관리하는 책임이 있으면, 이 법의 사업주에게 주어진 안전보건 확보의무가 있다.

✓ 이 법에서 '도급'의 개념을 규정하지는 않지만, '도급, 용역, 위탁 등' 모두 산안법상 '물건의 제조·건설·수리 또는 서비스의 제공, 그밖의 업무를 타인에게 맡기는 계약'인 도급의 개념으로 해석할 수 있다.

✓ 이 법은 사업주나 법인 또는 기관이 제3자에게 도급, 용역, 위탁 등을 행한 경우에도 제3자의 종사자에게 중대산업재해가 발생하지 아니하도록 사업주가 취해야 할 안전보건 확보의무를 부과하고 있다.

✓ 그러나 사업주나 법인 또는 기관이 그 시설, 장비, 장소 등에 대하여 '실질적으로 지배·운영·관리하는 책임'이 없으면 안전보건 확보의무가 없다.

✓ 건설공사 발주자도 해당 공사의 시공을 총괄·관리한다면 도급인의 책임을 질 것이다.

Q 20	사업주 등이 '실질적으로 지배·운영·관리한다'라는 의미는?
A	사업주 등이 '실질적으로 지배·운영·관리한다'라는 것은 조직, 인력, 예산 등에 대한 결정을 총괄하여 행하는 것이다.

✓ 이 법은 사업주나 경영책임자등 또는 도급인 등에게 종사자의 중대산업재해를 예방하기 위하여 안전보건 확보의무를 규정하고 있다.

✓ 도급의 경우 통상적으로 사내하도급을 의미하나, 도급인의 사업장이 아니라도 도급인이 실질적으로 지배·운영·관리하는 장소에서 이루어지는 작업은 도급인이 해당 작업 종사자의 안전보건 확보의무를 진다.

✓ 도급인 사업주나 경영책임자등은 사업주나 법인 또는 기관이 여러 차례 도급을 한 경우에 도급인 사업장 내에서 업무를 수행하는 각 단계의 수급인의 종사자에 대해 안전 및 보건 확보의무를 이행해야 한다.

✓ 이 법은 사업주나 경영책임자등 또는 도급인 등이 조직, 인력, 예산 등에 대한 결정을 총괄하여 행사할 때는 이 법의 준수 의무자로 규정하고 있다.

A

'사업의 경영책임자등'이란 사업을 대표하고 사업을 총괄하는 권한과 책임이 있는 사람 또는 이에 준하여 안전보건에 관한 업무를 담당하는 사람이다.

✓ 중대재해처벌법은 사업의 대표이자 사업경영의 총괄 책임자에게 종사자의 중대산업재해를 예방하도록 안전보건 확보의무를 부여하고 있다.

✓ '사업을 대표하고 총괄하는 권한과 책임이 있는 사람'이란?
- 대외적으로 사업을 대표하고
- 대내적으로 해당 사업에 사무를 총괄하여 집행할 권한과 책임이 있는 사람을 말한다.
- 상법상 주식회사의 경우 대표이사가 해당된다.
- 형식상 직위나 명칭에 관계없이 실질적으로 사업을 대표하고 사업을 총괄할 권한과 책임이 있는 사람이 안전보건 확보의무 이행에 관한 최종적인 의사결정권을 가진다고 볼 수 있으면 그가 경영책임자가 될 수 있다.
- 공동 대표이사로 사업을 총괄하면 특별한 사정이 없으면 안전보건 확보의무도 공동으로 부여된 것으로 볼 수 있다.
- 하나의 법인이 복수의 사업을 운영하면서(예: 제조와 건설) 각 사업별로 독립되어 총괄 관리한다면, 각 사업별 부문의 경영책임자가 해당할 것이다.

✓ '사업을 대표하고 사업을 총괄하는 권한과 책임이 있는 사람 또는 이에 준하여 안전보건에 관한 업무를 담당하는 사람'이란?

- 사업 또는 사업장 전반의 안전 및 보건에 관한 조직·인력·예산 등에 관하여 대표이사 등 경영책임자에 준하여 총괄하는 권한과 책임을 가지는 등 최종 결정 권한을 가진 사람을 의미한다.

✓ 따라서 현장소장, 공장장과 같이 회사가 보유한 개별사업장의 안전보건관리책임자는 중대재해처벌법상의 경영책임자등에 해당되기는 어려울 것이다.

Q 22 '안전보건관리책임자'는 경영책임자인가?

A 개별 사업장의 안전 및 보건에 관한 사항을 총괄 관리하는 안전보건관리책임자에 해당하는 공장장, 현장소장 등은 경영책임자가 될 수 없으나, 법인의 대표자가 특정 사업장의 안전보건관리책임자라면, 동시에 중대재해처벌법상 경영책임자등에 해당될 수 있다.

✓ 산안법의 안전보건관리책임자는 '하나의 사업장' 단위로 선임되어, 안전관리자와 보건관리자를 관리하면서 다음의 업무를 총괄하고 있다.

- 사업장의 산업재해 예방계획의 수립에 관한 사항
- 안전보건관리규정의 작성 및 변경에 관한 사항
- 안전보건교육에 관한 사항
- 작업환경측정 등 작업환경의 점검 및 개선에 관한 사항
- 근로자의 건강진단 등 건강관리에 관한 사항
- 산업재해의 원인 조사 및 재발 방지대책 수립에 관한 사항
- 산업재해에 관한 통계의 기록 및 유지에 관한 사항
- 안전장치 및 보호구 구입 시 적격품 여부 확인에 관한 사항
- 그 밖에 근로자의 유해·위험 방지조치에 관한 사항으로서 고용노동부령으로 정하는 사항으로
  » 위험성평가 실시에 관한 사항
  » 안전보건규칙에서 정하는 근로자의 위험 또는 건강장해의 방지에 관한 사항

✓ 안전보건관리책임자는 개별 사업장의 안전 및 보건에 관한 사항을 총괄 관리하는 공장장, 현장소장 등은 경영책임자의 관리 대상이지 경영책임자가 될 수 없다.

✓ 그러나 법인의 대표자가 운영하는 사업장이 하나이거나, 또는 여러 사업장이 있더라도 특정 사업장의 안전보건관리책임자라면 동시에 중대재해처벌법의 경영책임자등에 해당할 수 있다.

✓ 중대재해처벌법의 경영책임자등은 사업 전체를 대표하고 사업을 총괄하는 권한과 책임이 있는 자 또는 이에 준하여 안전보건에 관하여 업무를 담당하는 자이기 때문이다.

Q 23	'안전 담당 이사'가 이 법의 경영책임자가 될 수 있는가?
A	'안전 담당 이사'가 중대재해처벌법의 경영책임자가 되기는 어렵다.

✓ 중대재해처벌법의 의무와 책임의 귀속 주체는 원칙적으로 사업을 대표하고 총괄하는 권한과 책임이 있는 대표이사이다.

✓ '사업을 대표하고 총괄하는 권한과 책임이 있는 사람'에 준하여 '안전 및 보건업무에 관한 업무를 담당하는 사람'이란 사업 전반의 안전 및 보건에 관한 예산, 조직, 인력 등 안전보건 관리체계 구축 및 이행 등에 관하여 대표이사에 준하는 정도로 총괄하는 권한과 책임을 지는 등 최종적 의사결정권을 행사하여야 한다.

✓ 단지 형식적으로 안전 및 보건에 관한 업무를 담당하는 안전보건 담당 이사를 둔 것이라면 경영책임자로 보기는 어려울 것이다.

Q 24	'공사 감리자'는 이 법의 경영책임자에 해당하는가?
A	'공사 감리자'는 중대재해처벌법의 경영책임자가 아니다.

✓ 경영책임자는 공사기간 동안 건설공사현장을 실질적으로 지배·운영·관리하는 시공사의 대표이사 등이 해당된다.

✓ '감리자'란 사업자와 사업시행자 사이의 중립적 위치에서 당해 공사의 설계도서, 기타 관계 서류의 내용대로 시공되었는지를 확인하고, 시공관리, 공정관리, 안전 및 환경관리 등에 대한 기술지도를 하며, 발주자의 위탁에 의하여 관계 법령에 따라 발주자의 감독 권한을 대행하는 자를 말한다.

✓ 따라서 공사 감리자는 물론 발주자의 업무대행자는 이 법의 경영책임자에 해당하지 않는다.

A 중앙행정기관의 장, 지방자치단체의 장, 공기업의 장, 「공공기관의 운영에 관한 법률」 제4조부터 제6조까지의 규정에 따라 지정된 공공기관의 장을 말한다.

✓ 중앙행정기관의 장

- 정부조직법(제2조 제2항)에 따라 설치된 부·처·청과 방송통신위원회, 공정거래위원회, 국민권익위원회, 금융위원회, 개인정보보호위원회, 원자력안전위원회 등 행정기관의 장을 의미한다.
- 정부조직법에서 중앙행정기관으로 규정하지 않은 대법원, 국회, 감사원 등 헌법기관 등의 경우에는 기관을 대표하고 사업을 총괄하는 권한과 책임이 있는 자를 경영책임자로 판단할 것이다.

✓ 지방자치단체의 장: 특별시, 광역시, 특별자치시, 도, 특별자치도 및 시·군·구의 장을 의미한다.

✓ 공공기관: 지방공기업의 장, 공공기관의 장

✓ 학교의 경우

- 국립대학교는 총장, 개별 법률에 따라 법인으로 설립된 국립대학법인의 총장
- 국립 초·중·고등학교: 각 중앙행정기관의 장
- 공립학교: 교육감
- 사립학교: 학교법인 이사장
- 국립대학병원: 국립대학병원장

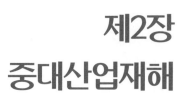

제2장
중대산업재해

Q 26	중대산업재해는 모든 사업 또는 사업장에 적용되는가?
A	이 법은 상시 근로자가 5명 미만인 사업 또는 사업장의 사업주(개인 사업주에 한정한다.) 또는 경영책임자등에게는 적용하지 아니한다.

✓ 중대산업재해는 원칙적으로 상시 근로자가 5명 이상인 사업
   또는 사업장의 사업주 또는 경영책임자등에게 적용된다.

✓ 사업 또는 사업장의 개념
  • 이 법은 기업의 안전보건 관리체계 미비로 인하여 일어나는
    중대산업재해를 사전에 방지하기 위하여 사업을 대표하는 사
    업주 또는 경영책임자등에게 처벌 규정을 두고 있다.
  • '사업' 또는 '사업장'이란 경영상 일체를 이루면서 유기적으로
    운영되는 기업 등 조직 그 자체를 의미하며 사업장이 장소적
    으로 인접할 것을 요하지 않는다.
  • 따라서 장소적 개념에 따라 사업장 단위로 법의 적용 범위를
    판단하지 않는다.
  • 원칙적으로 본사와 생산업무를 담당하는 공장, 학교법인 산
    하의 대학교와 그 부속병원은 하나의 사업 또는 사업장으로
    보아야 한다.
  • 또한 사업의 종류 영리·비영리 여부를 불문하며,
  • 사업이 일회적이거나 사업기간이 일시적이라도 이 법이 적용
    된다.

✓ 이 법은 산업이나 업종에 따라 적용을 제외하는 규정이 없으므로, 사무직에 종사하는 근로자만 있는 사업 또는 사업장에도 적용된다.

✓ 산안법은 사무직만 종사하는 사업장에 대해서는 안전보건관리체제, 안전보건관리규정, 안전보건교육, 도급인의 안전조치 및 보건조치의 적용을 제외하고 있어, 중대재해처벌법도 이 부분에 대한 일부 조치사항은 면제될 수 있다.

A 중대산업재해 발생일 전 1개월 동안 사용한 근로자의 연인원을 그 기간의 가동 일수로 나누어 산정한다.

✓ 상시근로자 수 산정

- 이 법은 상시근로자 수 산정 방법을 규정하지 않았다. 따라서 근로기준법의 규정에 따를 수밖에 없다.

✓ 근로기준법 시행령 제7조의 규정에 따른 상시근로자 수 산정 방법

- 중대산업재해 발생일 전 1개월 동안 사용한 근로자의 연인원을 그 기간의 가동 일수로 나누어 산정한다.

$$\text{상시근로자 수} = \frac{\text{산정기간 동안 사용한 근로자 연인원}}{\text{산정기간 동안 가동일 수}}$$

- 사업이 성립한 날부터 1개월 미만이면, 그 사업이 성립한 날 이후의 기간으로 산정한다(이하 "산정기간"이라 한다.).
- 사용한 근로자의 연인원은 본사와 공장(건설업의 경우 본사와 현장)이 분리되어 있어도 합산한다.
- 산정기간 동안의 가동 일수에서 휴업이나 휴무한 기간은 제외한다.

✓ 상시근로자 수 5명 이상의 판단

- 산정기간의 연인원을 가동일 수로 나눈 값이 5명 이상이라도 무조건 적용되는 것은 아니다.
- 산정기간에 속하는 일별로 근로자 수를 파악하였을 때, 법 적용 기준(5명)에 미달한 일수(日數)가 2분의 1 미만이면 적용사업장이 되고, 미달한 일수가 2분의 1 이상이면 비적용사업장이 된다.

✓ 이 법 시행일 이후에 상시근로자 수가 5명 이상이 되면 그때부터 적용된다.

✓ 중대산업재해가 발생한 날에도 상시근로자 수가 5명 이상 되어야 이 법이 적용된다.

Q 28	상시근로자 수에 파견, 용역, 위탁 관계에 있는 근로자도 포함되는가?
A	상시근로자란 근로기준법상 근로자를 말하며, 파견, 도급, 용역, 위탁 관계에 있는 자는 제외되는 것으로 해석함이 옳을 것이다.

✓ 상시근로자는 근로기준법의 근로자를 말하며, 상시근로자 수에 포함되는 근로자는 다음과 같다.

- 정규직 근로자는 물론, 기간제 근로자, 일용근로자, 단시간제 근로자, 사무직 근로자, 외국인 근로자(불법체류자 포함)도 포함된다.
- 건설업은 본사 근로자와 현장 근로자를 포함하여 산정한다.

✓ 상시근로자에 제외되는 자

- 도급, 용역, 위탁 등을 행한 제3자의 근로자는 중대재해처벌법의 해당 사업 또는 사업장의 상시근로자 수에는 포함하지 않는다.
- 법인 또는 기관에서 노무를 제공하는 특수형태근로종사자, 플랫폼종사자 등도 상시근로자 수에는 포함할 수 없을 것이다.

✓ 파견근로자에 대해서는 검찰청은 제외하는 것으로 해석하며, 고용노동부는 포함하는 것으로 보고 있다.

Q 29	상시근로자 수가 5명 미만인 원청업체(도급인)의 사업에 서, 상시근로자 수가 5명 이상인 하청업체(수급인)의 근 로자에게 중대산업재해가 발생하면 누가 처벌받는가?
A	이때는 상시근로자 수가 5명 이상인 수급인은 사업주로서 처벌받을 수 있고, 도급인은 상시근로자 수가 5명 미만이 라 이 법이 적용되지 않는다.

✓ 중대산업재해가 발생하면, 도급인과 수급인은 각각 자신 의 소속 상시 근로자 수에 따라 이 법의 적용 여부를 판단 한다.

✓ 이 경우 수급인은 상시근로자 수가 5명 이상인 사업의 사 업주라 이 법의 적용을 받으나, 도급인은 상시근로자 수가 5인 미만이라 이 법이 적용되는 사업이 아니다.

✓ 그러나 도급인의 사업이 상시근로자 수가 5명 이상이면서, 수급인의 시설이나 장비, 장소 등에 대하여 실질적으로 지 배·운영·관리하는 책임이 있다면 도급인도 안전보건 확보 의무 위반의 책임을 져야 할 것이다.

✓ 실질적으로 지배·운영·관리한다는 것은 사업 또는 사업 장에서 조직, 인력, 예산 등에 관한 결정을 총괄하여 행사 하는 것을 말한다.

Q 30	이 법은 국내에서 사업하는 외국 기업에게도 적용되는가?
A	중대재해처벌법의 처벌은 국내에서 사업하는 외국기업에게도 적용되지만, 외국에서 사업하는 국내기업에게도 적용될 수 있다.

✓ 형법 제2조는 "본 법은 대한민국 영역 내에서 죄를 범한 내국인과 외국인에게 적용한다."라고 속지주의를 규정하고 있다.

- 이와 같은 형법의 속지주의 원칙에 따라 국내에서 사업하는 외국인이나 외국기업도 이 법이 적용된다.

✓ 형법 제3조는 "본 법은 대한민국 영역 외에서 죄를 범한 내국인에게 적용한다."라고 속인주의를 규정하고 있다.

- 이 원칙에 따라 외국에서 사업하는 내국인이나 국내 기업에도 적용된다.
- 단순히 출자만 한 상태라던가 실질적으로 지배·운영·관리하지 않는다면 이 법을 적용하기가 쉽지 않을 것이다.
- 그러나 현실적으로 외국에서 발생한 중대재해에 대한 수사가 쉽지 않기 때문에, 고용노동부는 해외 소재 공사장에서 발생한 사고는 산안법의 적용이 사실상 곤란하다고 한다.

Q 31 중대재해처벌법은 언제부터 시행되는가?

A 중대재해처벌법은 2022. 1. 27.부터 시행한다.

✓ 원칙: 이 법은 2021. 1. 26. 공포되었으며, 공포 후 1년이 경과한 날부터 시행되기 때문에 2022. 1. 27.부터 시행한다.

✓ 적용 유예: 다음의 사업은 2024. 1. 27.부터 시행한다.
- 개인사업주(근로자 수와 관계없음)
- 법인 또는 기관의 상시근로자 수가 50명 미만인 사업 또는 사업장
- 건설업은 개별 공사 단위로 공사금액 50억 원 미만의 공사

✓ 상시 근로자 수 50명 이상을 고용하는 개인사업주는 2024. 1. 27.부터 적용하지만, 적용유예 기간에 법인으로 전환하면 그때부터 적용한다.

✓ 건설업
- 건설업은 이 법 시행일(2022. 1. 27.) 현재 시행하고 있는 개별 공사의 공사금액이 50억 원 이상인 사업장에 적용된다.
- 공사금액은 부가세가 포함된 금액을 말한다.
- 2024. 1. 27.부터는 공사금액 기준이 아니라 상시근로자 수 5인(본사 및 공사 현장 근로자의 합계) 이상이면 적용된다.

✓ 법인 또는 기관의 상시근로자 수 변경

- 적용 유예기간에 상시근로자 수가 50명 이상이 되면 그때부터 이 법이 적용된다.
- 이 법 시행일(2022. 1. 27.)에 상시근로자 수가 50명 이상이 되어 이 법을 적용받다가, 상시근로자 수가 50명 미만으로 변경되면 그때부터 2024. 1. 26.까지는 이 법이 적용되지 않는다.

✓ 정리하면 2022. 1. 27.부터는 개인사업주가 아닌 상시근로자 수 50인 이상의 사업과 50억 원 이상의 건설공사에 적용된다.

✓ 2024. 1. 27. 부터는 상시근로자 수 5인 이상의 모든 사업에 적용되며, 이때부터는 건설업도 공사금액 기준이 아니라 상시근로자 수 5인 이상이면 적용된다.

제3장
안전보건 확보의무

A 사업주의 안전보건 확보의무를 요약하면 다음과 같은 표로 정리할 수 있다.

안전보건 확보의무 개관	
1. 재해 예방에 필요한 인력 및 예산 등 안전 보건 관리 체계의 구축 및 이행에 관한 조치	1) 안전보건 목표와 경영방침의 설정 2) 안전보건 업무를 총괄 관리하는 전담 조직 설치 3) 유해·위험요인 확인·개선 절차 마련·점검 및 필요한 조치 4) 재해예방에 필요한 안전보건에 관한 인력, 시설, 장비 구비와 유해·위험요인 개선에 필요한 예산 편성 및 집행 5) 안전보건관리책임자 등의 충실한 업무수행 지원 (권한과 예산 부여 평가 기준 마련 및 평가 관리) 6) 산업안전보건법에 따른 안전관리자, 보건관리자 등 전문 인력 배치 7) 종사자의 의견 청취 절차를 마련하여 의견 청취 및 개선방안 마련·이행 여부 점검 8) 중대산업재해 발생 시 등 조치 매뉴얼 마련 및 조치 여부 점검 9) 도급·용역·위탁 시 산재 예방조치 능력 및 기술에 관한 평가 기준 절차 및 관리비용, 업무수행 기관 관련 기준 마련·이행 여부 점검
2. 재해 발생 시 재발방지 대책의 수립 및 그 이행에 관한 조치	
3. 중앙행정기관·지방자치단체가 관계 법령에 따라 개선·시정 등을 명한 사항의 이행에 관한 조치	
4. 안전보건 관계 법령에 따른 의무 이행에 필요한 관리상의 조치	1) 안전보건 관계 법령에 따른 의무이행 여부 점검 2) 인력 배치 및 예산 추가 편성·집행 등 의무이행에 필요한 조치 3) 유해·위험 작업에 대한 안전보건 교육 실시 여부를 점검 4) 미실시 교육에 대한 이행지시·예산의 확보 등 교육 실시에 필요한 조치

Q 33	중대산업재해가 발생하면 무조건 사업주나 경영책임자등을 처벌하는가?
A	사업주 또는 경영책임자등은 종사자 등의 안전보건상 유해 또는 위험을 방지하기 위한 안전보건 확보의무를 다했다면 처벌을 면할 수 있다.

✓ 이 법은 사업주 또는 경영책임자등이 실질적으로 지배·운영·관리하는 사업 또는 사업장에서 일하는 모든 종사자에 대한 안전보건 확보의무를 부과하고 있으며, 이를 위반하여 발생한 중대산업재해에 대하여 사업주 또는 경영책임자등에게 형사처벌을 규정하고 있다.

✓ 사업주 또는 경영책임자등이 다음과 같은 안전보건 확보의무의 내용을 모두 이행했다면 처벌을 면할 수 있을 것이다.
  • 재해예방에 필요한 인력 및 예산 등 안전보건 관리체계의 구축 및 그 이행에 관한 조치
  • 재해발생 시 재발방지 대책의 수립 및 그 이행에 관한 조치
  • 중앙행정기관·지방자치단체가 관계 법령에 따라 개선, 시정 등을 명한 사항의 이행에 관한 조치
  • 안전보건 관계 법령에 따른 의무이행에 필요한 관리상 조치

✓ 중대산업재해에 관한 처벌은 사업주나 경영책임자등의 안전보건 확보의무 위반과 발생한 중대산업재해 사이에 인과관계가 있어야 한다

Q 34	안전보건 관리체계의 구축 및 그 이행에 관한 조치란?
A	근로자 및 모든 종사자의 안전과 건강을 보호하기 위하여 기업이 스스로 유해하거나 위험한 요인을 파악하여 제거·대체 및 통제 방안을 마련·이행하며 이를 지속적으로 개선하는 일련의 활동을 말한다.

✓ 안전보건 관리체계의 구축 및 그 이행은 산안법의 안전보건 관리체제와는 구별된다.

- 산안법의 '안전보건 관리체제'는 사업장의 안전보건관리에 관여하는 조직의 구성과 역할을 규정한 것이다.
- 이 법의 '안전보건 관리체계'는 조직 구성과 역할을 넘어서 사업장의 안전보건 전반의 운영 또는 경영을 말하는 것이다.
- 이 법이 개인사업주 또는 경영책임자등에게 단순히 안전보건 관리조직의 구성과 역할 분담을 정하라는 의미가 아니라, 종사자의 안전과 보건이 유지되고 증진될 수 있도록 사업 전반을 운영하라는 것이다.

✓ 이 법의 안전보건 관리체계의 구축 및 이행 조치

- 안전보건 목표와 경영방침의 설정
- 안전보건 업무를 총괄 관리하는 전담 조직 설치
- 유해·위험요인 확인·개선 절차 마련, 점검 및 필요한 조치
- 재해예방에 필요한 안전보건에 관한 인력·시설·장비 구비와 유해·위험요인 개선에 필요한 예산 편성 및 집행

- 안전보건관리책임자 등의 충실한 업무수행 지원 (권한과 예산 부여, 평가 기준 마련 및 평가·관리)
- 산안법에 따른 안전관리자, 보건관리자 등 전문인력 배치
- 종사자의 의견 청취 절차를 마련하여 의견 청취 및 개선방안 마련·이행 여부 점검
- 중대산업재해 발생 시 등 조치 매뉴얼 마련 및 조치 여부 점검
- 도급·용역·위탁 시 산재예방 조치 능력 및 기술에 관한 평가 기준, 절차 및 관리비용 업무수행기관 관련 기준 마련·이행 여부 점검

✓ 중대재해처벌법과 안전보건 관리체계 구축
  - 중대산업재해를 유발할 유해·위험요인의 확인
    » 사업장의 재해 이력 조사
    » 현장 종사자의 의견 청취
    » 동종업계의 사고 발생 사례 조사
    » 전문가 진단 등
  - 확인된 유해·위험요인을 원천적으로 제거하고
  - 지속적으로 통제하기 위한 수단 및 절차 마련
  - 조직, 인력, 예산의 투입과 모니터링 체계 구축
  - 안전보건 관리체계 구축에 관한 9가지의 의무사항 이행은 파악된 유해·위험요인을 중심으로 유기적으로 연계되어야 한다.

Q 35	사업 또는 사업장의 안전보건에 관한 목표와 경영방침 이란?
A	안전보건에 관한 목표와 경영방침이란 사업 또는 사업장의 안전보건에 관한 지속적인 개선 및 실행 방향을 의미한다.

✓ 안전보건에 관한 목표와 경영방침

- 사업의 특성, 유해·위험요인과 규모 등을 고려하여 실현 가능한 구체적인 내용으로 한다.
- 단기적 목표를 설정한다.
- 중장기적 관점에서의 시계열적 목표를 설정한다.
- 세부적인 로드맵을 작성한다.

✓ 안전보건에 관한 목표와 경영방침은 구성원이 공감하고 인식할 수 있도록 하며, 목표실행을 위해 함께 노력한다.

- 종사자 등과의 협의·의견수렴 절차를 마련한다.
- 목표와 경영방침을 게시한다.

✓ 안전보건에 관한 목표와 경영방침 수립 시 고려할사항

- 사업 또는 사업장의 유해·위험요인 등 특성과 조직 규모에 적합한 것으로 수립한다.
- 달성 가능한 내용으로서 측정할 수 있거나 성과평가가 가능한 것으로 수립한다.
- 안전보건에 관한 목표와 경영방침 간에는 일관성이 있어야 한다.

Q 36 안전보건에 관한 업무를 총괄·관리하는 전담 조직이란?

A 전담 조직은 경영책임자등의 안전보건 확보의무 이행을 위한 집행 조직으로서 '사업주와 경영책임자등의 안전보건 확보의무'와 '도급, 용역, 위탁 등 관계에서의 안전보건 확보의무'를 총괄하여 관리하는 조직으로 2인 이상으로 구성해야 한다.

✓ 안전보건 업무를 총괄하는 전담 조직은 사업 또는 사업장의 안전보건 관리체계를 관리·감독하며 개인 사업주 또는 경영책임자등을 보좌하고 안전보건에 관한 컨트롤타워 역할을 한다.

✓ 전담 조직은 '사업주와 경영책임자등의 안전보건 확보의무'와 '도급, 용역, 위탁 등 관계에서의 안전보건 확보의무'를 총괄하여 관리하며, 2인 이상으로 구성한다.

- "안전보건에 관한 업무를 총괄 관리한다."라는 것은 중대재해처벌법령 및 안전보건 관계 법령에 따라 종사자의 안전보건상 유해·위험 방지 정책의 수립이나, 안전보건 전문인력의 배치, 안전보건 관련 예산의 편성 및 집행관리 등 법령상 필요한 조치의 이행을 확인하며 사업 또는 사업장의 안전보건 확보의무의 이행을 총괄 관리하는 것을 말한다.

- 그러나 사업장의 모든 안전조치 및 보건조치 등 안전 및 보건에 관한 업무를 전담 조직에서 직접적으로 수행해야 하는 것은 아니다.

Q 37 전담 조직원은 겸직이 가능한가?

A 전담 조직원은 다른 업무를 겸해서 할 수 없다

- ✓ 전담 조직원은 특정 사업장의 안전보건 업무 담당이 아니라 전체 사업 또는 사업장을 총괄 관리하여야 한다.

- ✓ 전담 조직은 안전보건관리책임자 등이 안전조치 및 보건조치 등 각 사업장의 안전보건 관리를 제대로하고 있는지를 확인함은 물론, 이를 지원하는 등 총괄하고 관리하는 역할을 수행한다.

- ✓ 사업장이 여러 곳에 분산되어 있으면 사업장별로 두어야하는 안전관리자 등 외에 개인사업주나 법인 또는 기관 단위에서 별도의 인력으로 조직을 구성해야 한다.

- ✓ 전담 조직은 안전 및 보건 업무 이외의 다른 업무 즉, 소방, 시설관리, 전기, 생산관리, 일반행정 등의 업무를 같이 할 수 없다.

- ✓ 전담 조직 구성원의 자격 기준이 있는 것은 아니다.

- ✓ 전담 조직은 반드시 경영책임자등의 결재를 받아야 한다.

Q 38	모든 사업장이 안전보건 업무를 총괄·관리하는 전담 조직을 구성할 법적 의무가 있는가?

	가. 그 사업(장)에서 두어야 하는 안전관리자, 보건관리자, 안전보건관리담당자, 산업보건의가 총 3명 이상이면서,
A	나. 상시근로자 수가 500명 이상인 사업(장) 또는 시공능력 순위가 상위 200위 이내인 건설사업자는 안전보건 업무를 총괄·관리하는 전담 조직을 구성할 법적 의무가 있다.

✓ 개인사업주나 법인 또는 기관이 모든 사업장에 두어야 하는 안전관리자, 보건관리자, 안전보건관리담당자, 산업보건의가 총 3명 이상인 사업이 해당된다.

- 금융 및 보험업, 사회복지 서비스업 등과 같이 산안법의 안전관리자 등 전문인력의 배치 의무가 없는 사업 또는 사업장인 경우에는 안전보건에 관한 업무를 총괄·관리하는 전담 조직을 두지 않을 수 있다.

  » 【예시】 금융 및 보험업(대분류), 사회복지 서비스업(대분류), 광업지원 서비스업(중분류), 컴퓨터프로그래밍·시스템 통합 및 관리업(중분류), 정보 서비스업(중분류), 전문 서비스업(중분류), 건축기술·엔지니어링 및 기타 과학기술 서비스업(중분류) 등

- 도급인이 관계 수급인 근로자의 전담 안전관리자를 선임한다면 수급인이 해당 사업장에 대해 안전관리자를 별도로 둘 필요는 없으나, 수급인의 안전관리자 배치 의무 자체가 없어지는 것은 아니므로 수급인도 요건을 충족하면 전담 조직을 두어야 한다.

- 「기업활동규제완화에 관한 특별조치법」에 따라 배치한 것으로 간주하는, 산안법에 따른 안전관리자 등 전문인력도 개인사업주나 법인 또는 기관이 모든 사업장에 두어야 하는 전문인력의 수를 산정할 때는 포함한다.

✓ 상시근로자 수가 500명 이상인 사업 또는 사업장
- 상시근로자 수는 개인사업주나 법인 또는 기관의 모든 사업장의 상시 근로자 수의 합이 500명 이상인지를 판단해야 한다.
- 도급·용역·위탁 등을 행한 제3자의 근로자나 근로기준법상의 근로자가 아닌 노무를 제공하는 자는 개인사업주나 법인 또는 기관의 상시근로자 수 산정에는 포함하지 않는다.

✓ 시공능력 순위가 상위 200위 이내인 건설사업자
- 건설사업자의 경우 전년도 시공능력 순위가 200위 범위 밖에 있다가 200위 이내로 평가된 경우에는 시공능력 순위를 공시한 연도의 다음 연도 1월 1일까지 전담 조직을 두어야 한다.
- 시공능력 순위가 상위 200위가 되지 않는 건설사업자인 경우에도 해당 건설회사의 상시 근로자 수가 500명 이상인 경우에는 전담 조직을 두어야 한다.

A 사업 또는 사업장의 특성에 따른 유해·위험요인을 확인·개선하는 업무절차를 마련하고, 해당 절차에 따라 유해·위험요인을 확인하고 개선되고 있는지를 반기에 1회 이상 점검한 후 필요한 조치를 해야 한다.

✓ 기업이 스스로 건설물, 기계, 기구, 설비 등의 유해·위험요인을 찾아 그 위험성을 평가하고, 유해·위험요인의 제거·대체 및 통제 방안을 마련하고 이행하여, 지속적으로 개선하는 것이다.

✓ 유해·위험요인의 확인 및 개선
  • 기계·기구·설비·원재료 등의 신규 도입 또는 변경, 건설물·기계·기구·설비 등의 정비·보수시에는 작업방법·절차의 변경 전에 실시하여 위험성을 제거한 후에 작업한다.
  • 정기적으로 확인하여 위험성 감소대책의 실효성을 지속적으로 확보할 수 있도록 한다.

✓ 유해·위험요인의 확인 절차는 유해·위험 작업을 하는 소속 근로자뿐만 아니라 상시적으로 노무를 제공하는 모든 종사자 및 유지보수작업·납품을 위해 일시적으로 출입하는 사람 등 모든 종사자의 의견을 듣도록 한다.
  • 모든 기계·기구·설비 현황을 파악하고, 기계·기구·설비마다 위험요소를 세부적으로 확인한다.

- 화재·폭발·누출의 위험이 있는 화학물질과 건강에 위해를 끼칠 우려가 있는 화학물질, 물리적 인자 등을 파악한다.
- 기계·기구·설비 유해인자 및 재해유형과 연계하여 위험장소와 위험작업을 파악한다.

✓ 유해·위험요인을 개선하는 절차는,
- 확인된 유해·위험요인을 체계적으로 분류·관리하고,
- 유해·위험요인별로 제거·대체·통제하는 방안을 현장작업자, 관리감독자, 안전보건담당자와 함께 개선방안을 찾는다.
- 해당 사업장에서 발생할 수 있는 다양한 재해유형별로 산안법령과 산업안전보건기준에 관한 규칙 등을 참고하여 위험한 기계·기구·설비, 유해인자, 위험장소 및 작업 방법에 대한 안전조치 및 보건조치를 확인한다.
- 유해·위험요인이 제거·대체·통제 등 개선될 때까지는 원칙적으로 작업을 중지하고, 조치가 완료된 뒤에 작업을 개시하도록 하는 내용을 포함한다.

✓ 해당 절차에 따라 유해·위험요인이 확인 및 개선되고 있는지를 반기에 1회 이상 점검하고 필요한 조치를 해야 한다.

유해·위험요인의 확인·개선·점검을 면제받는 방법은 없는가?

A

산안법 제36조에서 규정한 '위험성평가'를 실시하면, 유해·위험요인의 확인 및 개선에 대한 점검을 이행한 것으로 간주한다.

✓ 위험성평가란?

- 개념: 유해·위험요인을 파악하고 해당 유해·위험요인에 의한 부상 또는 질병의 발생 가능성과 중대성을 추정·결정하고 감소대책을 수립하여 시행하는 일련의 과정을 말한다.

- 실시주체: 위험성평가는 사업주가 주체가 되어 안전보건관리책임자, 관리감독자, 안전관리자·보건관리자 또는 안전보건관리담당자, 해당 작업의 근로자가 참여하여 각자 역할을 분담하여 실시하도록 하고 있다.

- 절차
  ① 평가대상의 선정 등 사전준비
  ② 작업과 관계되는 유해·위험요인의 파악
  ③ 파악된 유해·위험요인별 위험성의 추정
  ④ 추정한 위험성의 허용 가능 여부의 결정
  ⑤ 위험성 감소대책 수립 및 실행
  ⑥ 위험성평가 실시내용 및 결과에 관한 기록

✓ 위험성평가를 실시하면, 유해·위험요인의 확인 및 개선에 대한 점검을 한 것으로 간주한다.

✓ 위험성평가의 법적 근거(산안법 제36조)

【참고】위험성평가 실시 흐름도

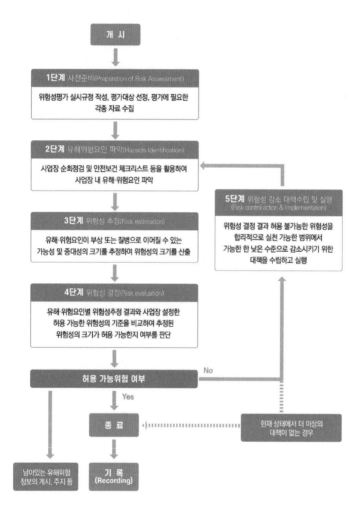

（고용노동부, 중대재해처벌법 해설, 2021, 65쪽）

A '끼임' 재해의 예방조치(예시)

✓ 위험요인: 끼임 위험이 있는 기계·기구를 사용하는 작업

   * 위험기계에 대한 기본적인 안전조치는 「산업안전보건기준에 관한 규칙」 제2편 제1장 참고

✓ 예방방안: 교육·주의 등 비재정적인 방법을 포함하여 가능한 방법을 선택적으로 활용하고 합리적으로 요구되는 수준으로 관리되어야 한다.

- 제거·대체: 끼임 위험이 없는 자동화 기계 도입 또는 작업방법·동선을 고려한다.

- 통제

   » 공학적: 기계·설비의 작업점에 센서, 덮개 등 방호장치 설치, 기어·롤러의 말림점이나 벨트·체인 등 동력전달부에 방호덮개 설치

   » 행정적: 방호조치와 안전인증(자율안전확인신고) 및 안전검사 여부 확인, 위험 기계·기구의 정비

     · 수리 등 비정형 작업 전 운전 정지, 기동스위치, 잠금 조치 및 표지판(조작금지) 설치(Lock Out, Tag Out), 작업허가제* 등

     * 작업부서가 소관 상급부서 또는 안전부서의 허가·승인을 거치고 작업한다.

- 개인 보호구

   » 말려 들어갈 위험이 없는 작업복을 착용한다.

Q 42	'떨어짐' 재해의 예방조치 방안은?
A	'떨어짐' 재해의 예방조치(예시)

✓ 위험요인: 추락 위험이 있는 모든 장소

✓ 예방방안: 교육·주의 등 비재정적인 방법을 포함하여 가능한 방법을 선택적으로 활용하여 합리적으로 요구되는 수준으로 관리한다.

- 제거·대체: 설계·시공시 개구부 최소화, 작업계획 수립단계에서 위험성평가 실시를 통한 추락 위험장소 최소화 조치

- 통제

  » 공학적: 추락 위험장소에 안전난간, 덮개, 추락방호망 등 추락방지 설비를 설치, 강관비계 아닌 시스템비계* 사용

  * 규격화된 부재(수직재, 수평재, 가새재 등)를 안정적인 구조로 조립하여 사용하는 비계

  » 행정적: 작업 전 관리감독자의 안전대 부착설비와 추락방호망 점검 및 작업자들의 안전대 착용 지시, 추락 위험 표지판 설치

- 개인 보호구

  » 모든 작업자는 언제나 안전모·안전대 등 보호구 착용

A '화재·폭발' 재해의 예방조치(예시)

✓ 위험요인: 화재·폭발 위험이 있는 물질이나 작업
- 화학물질별 위험성과 관리체계는 물질안전보건자료(MSDS)에서 확인한다.

✓ 예방방안: 교육·주의 등 비재정적인 방법을 포함하여 가능한 방법을 선택적으로 활용하여 재해방지를 위해 합리적으로 요구되는 수준으로 관리한다.
- 제거·대체: 화기 작업 시 내부 인화성 물질 제거 및 인근 가연물 제거, 건설공사 시 비가연성 자재로 대체한다.
- 통제
  » 공학적: 용접작업 시 용접불티 비산방지덮개 또는 용접방화포를 설치한다.
  » 행정적: 화재·폭발 위험장소에서 화기작업 시 작업장 내 위험물 현황을 파악하는 절차를 수립하고, 가스 및 분진 농도 측정 및 주기적 확인, 작업 중 화재감시인 배치
- 개인 보호구
  » 제전(制電)작업복 착용, 가스검지기 휴대, 방폭공구 사용

Q 44	'질식' 재해의 예방조치 방안은?

A	'질식' 재해의 예방조치(예시)

✓ 위험요인: 밀폐공간 등 질식 위험이 있는 모든 장소

- 밀폐공간

  » 근로자가 작업하는 공간으로서 환기가 불충분한 곳

  » 산소결핍(산소농도가 18% 미만), 유해가스(탄산가스, 일산화탄소, 황화수소 등)로 인한 질식, 화재·폭발 등의 위험이 있는 장소로서 「산업안전보건기준에 관한 규칙」, [별표 18]에서 정한 장소(18개 작업장소)

✓ 예방방안: 교육·주의 등 비재정적인 방법을 포함하여 가능한 방법을 선택적으로 활용하여 재해방지를 위해 요구되는 수준으로 관리한다.

- 제거·대체: 설계단계부터 사업장 내 밀폐공간이 발생하지 않도록 작업장을 조성하고, 밀폐공간 내부의 기계·기구 제거 (예: 내부 모터 → 외부 모터)

- 통제

  » 공학적: 환기·배기장치 설치, 유해가스 경보기 설치

  » 행정적: 출입금지 표지판 설치, 작업허가제 도입, 작업 전 산소 및 유해가스 농도 측정 등 작업수칙 규정, 감시인 배치

- 개인 보호구

  » 송기마스크 착용

■ 산업안전보건기준에 관한 규칙 [별표 18]
  밑폐공간(제618조 제1호 관련)

1. 다음의 지층에 접하거나 통하는 우물·수직갱·터널·잠함·피트 또는 그 밖에 이와 유사한 것의 내부
   가. 상층에 물이 통과하지 않는 지층이 있는 역암층 중 함수 또는 용수가 없거나 적은 부분
   나. 제1철 염류 또는 제1망간 염류를 함유하는 지층
   다. 메탄·에탄 또는 부탄을 함유하는 지층
   라. 탄산수를 용출하고 있거나 용출할 우려가 있는 지층
2. 장기간 사용하지 않은 우물 등의 내부
3. 케이블·가스관 또는 지하에 부설되어 있는 매설물을 수용하기 위하여 지하에 부설한 암거·맨홀 또는 피트의 내부
4. 빗물·하천의 유수 또는 용수가 있거나 있었던 통·암거·맨홀 또는 피트의 내부
5. 바닷물이 있거나 있었던 열교환기·관·암거·맨홀·둑 또는 피트의 내부
6. 장기간 밑폐된 강재(鋼材)의 보일러·탱크·반응탑이나 그 밖에 그 내벽이 산화하기 쉬운 시설(그 내벽이 스테인리스강으로 된 것 또는 그 내벽의 산화를 방지하기 위하여 필요한 조치가 되어 있는 것은 제외한다.)의 내부
7. 석탄·아탄·황화광·강재·원목·건성유(乾性油)·어유(魚油) 또는 그 밖의 공기 중의 산소를 흡수하는 물질이 들어 있는 탱크 또는 호퍼(hopper) 등의 저장시설이나 선창의 내부
8. 천장·바닥 또는 벽이 건성유를 함유하는 페인트로 도장되어 그 페인트가 건조되기 전에 밑폐된 지하실·창고 또는 탱크 등 통풍이 불충분한 시설의 내부

9. 곡물 또는 사료의 저장용 창고 또는 피트의 내부, 과일의 숙성용 창고 또는 피트의 내부, 종자의 발아용 창고 또는 피트의 내부, 버섯류의 재배를 위하여 사용하고 있는 사일로(silo), 그 밖에 곡물 또는 사료종자를 적재한 선창의 내부

10. 간장·주류·효모 그 밖에 발효하는 물품이 들어 있거나 들어 있었던 탱크·창고 또는 양조주의 내부

11. 분뇨, 오염된 흙, 썩은 물, 폐수, 오수, 그 밖에 부패하거나 분해되기 쉬운 물질이 들어 있는 정화조·침전조·집수조·탱크·암거·맨홀·관 또는 피트의 내부

12. 드라이아이스를 사용하는 냉장고·냉동고·냉동화물자동차 또는 냉동컨테이너의 내부

13. 헬륨·아르곤·질소·프레온·탄산가스 또는 그 밖의 불활성기체가 들어 있거나 있었던 보일러·탱크 또는 반응탑 등 시설의 내부

14. 산소농도가 18퍼센트 미만 또는 23.5퍼센트 이상, 탄산가스농도가 1.5퍼센트 이상, 일산화탄소농도가 30피피엠 이상 또는 황화수소 농도가 10피피엠 이상인 장소의 내부

15. 갈탄·목탄·연탄난로를 사용하는 콘크리트 양생장소(養生場所) 및 가설숙소 내부

16. 화학물질이 들어 있던 반응기 및 탱크의 내부

17. 유해가스가 들어 있던 배관이나 집진기의 내부

18. 근로자가 상주(常住)하지 않는 공간으로서 출입이 제한되어 있는 장소의 내부

A 비정형 작업의 재해 예방조치(예시)

✓ 비정형 작업

- 작업조건, 방법, 순서 등 표준화된 반복성 작업이 아니고, 작업의 조건 등이 일상적이지 않은 상태에서 이루어지는 정비·청소·급유·검사·수리·교체·조정 등의 작업

- 위험의 특성

  » 위험이 특정 기계·설비에 국한되지 않는다.

  » 생산효율을 위한 전원 미차단이나 방호장치 부재 또는 해체, 안전절차 및 교육 부재 등으로 인한 인재(人災)적 특성이 있다.

✓ 비정형 작업 재해예방 기법

- 정비 등의 작업 시 운전정지(Lock Out, Tag Out)

  » 기계의 정비·수리 등 작업을 위해 가동을 중지할 경우, 제3자의 재가동을 방지하도록 잠금장치 또는 표지판을 설치하는 관리기법(전기 잠금장치, 스위치 잠금장치, 게이트밸브 잠금장치, 볼밸브 잠금장치 자물쇠·걸쇠 등)

  » 절차: 전원차단 준비 및 공지 → 정지 → 전원차단 및 잔류에너지 확인 → 잠금장치·표지판 설치 → 정비 등 실시 → 주변 상태 확인 및 공지 → 잠금장치·표지판 제거 → 재가동

- 작업허가제

  » 고위험 비정형 작업의 경우, 작업부서가 소관 상급부서 또는 안전부서의 허가·승인을 거쳐 작업을 실시하는 안전관리기법

  » 절차: 안전작업허가 신청(작업자) → 안전조치 확인 및 허가 (안전담당자) → 작업(작업자) 및 감독 (안전담당자) → 완료확인 및 허가서 보존(안전담당자)

Q 46	유해물질 관리방안은?
A	유해물질 관리방안(예시)

✓ 유해물질(유기화합물, 금속류, 산·알칼리류, 가스상태 물질류)은 근로자의 건강에 유해하므로 엄격한 관리가 필요하다.

- 산안법 시행규칙 [별표 19](유해인자별 노출농도의 허용기준) 및 고용노동부 고시 「화학물질 및 물리적 인자의 노출기준」 참고
- 유해물질 취급 전에 반드시 물질안전보건자료(MSDS)를 참고하여 해당 물질의 유해·위험성 및 적정 보호구, 비상시 대응요령을 숙지한다.
- 직업성 암 유발물질 등은 원칙적으로 제조·사용 등 금지(산안법 제117조),
- 대체 불가능한 화학물질은 고용노동부장관의 허가 필요(산안법 제118조)
- 관리대상 유해물질(「산업안전보건기준에 관한 규칙」 [별표 12])은 「산업안전보건기준에 관한 규칙」 제3편 제1장에 따라 사용한다.
- 사업주는 제조 등 금지 유해물질, 허가대상유해물질, 관리대상유해물질을 취급하는 근로자에게 정기적으로 특수건강진단을 실시한다.
- 허가대상유해물질, 관리대상유해물질을 사용하는 사업주는 정기적으로 작업환경측정을 실시한다.
- 작업환경측정 대상 유해물질은 「산안법 시행규칙」 [별표 21] 참조

Q 47	위험물질 관리방안은?

A	위험물질 관리방안(예시)

✓ 화재·폭발 등의 원인이 되는 위험성을 가진 위험물질은 취급 부주의 등에 따라 대형 사고가 발생할 수 있으므로 반드시 안전수칙 준수가 필요하다.

✓ 위험물질의 종류
- 폭발성 물질 및 유기과산화물
- 물반응성 물질 및 인화성 고체
- 산화성 액체·고체
- 인화성 액체
- 인화성 가스
- 부식성 물질
- 급성 독성 물질

✓ 대규모 재난을 야기할 수 있는 51종의 위험물질을 규정량 이상 사용하는 경우 공정안전보고서 작성·심사 및 이행 필요
- 「산안법 시행령」 [별표 13] '유해·위험물질 규정량' 참고
- 공정안전자료, 공정위험성평가서, 안전운전계획, 비상조치계획 등을 필수 기재

✓ 기타 물리적·생물학적·인간공학적 인자를 제거·대체하지 못하는 경우 「산업안전보건기준에 관한 규칙」에 따른 보건 기준(제3편) 준수 필요

- 소음·진동(제4장), 기압(제5장), 온도·습도(제6장), 방사선(제7장), 병원체(제8장), 분진(제9장), 밀폐공간(제10장), 사무실(제11장), 근골격계 부담작업(제12장), 기타(제13장).

Q 48	재해예방을 위한 예산 편성이란?
A	재해예방을 위해 필요한 안전보건에 관한 인력, 시설 및 장비의 구비를 위한 예산을 말한다.

✓ 사업주 또는 경영책임자등은 안전보건 관리체계의 구축 및 이행 조치로 재해예방을 위한 예산을 편성하고 그 편성된 용도에 맞게 집행해야 한다.

- '재해예방을 위해 필요한 인력, 시설 및 장비'란 산안법 등 종사자의 재해예방을 위한 안전보건 관계 법령 등에서 정한 인력, 시설, 장비이다.

- '재해예방을 위해 필요한 인력'이란 안전관리자, 보건관리자, 안전보건관리담당자, 산업보건의 등 전문인력뿐만 아니라 안전보건 관계 법령 등에 따른 필요 인력을 말한다.

  【예시】

  ❶ 타워크레인 작업 시 신호수 배치

  ❷ 스쿠버 잠수작업 시 2명이 1조의 잠수작업

  ❸ 생활폐기물 운반 시 3명이 1조의 작업

  ❹ 2인 1조로 근무하여야 하는 위험 작업과 해당 작업에 대한 6개월 미만인 근로자가 단독으로 수행할 수 없는 작업에 대한 기준 마련

✓ 유해·위험요인의 개선에 필요한 예산

- 재해예방을 위한 종사자의 의견 청취에 소요되는 예산을 포함한다.

Q 49	「건설업 산업안전보건관리비계상 및 사용기준」은 재해 예방을 위해 필요한 인력, 시설 및 장비 구입에 필요한 예산의 기준이 될 수 있는가?
A	「건설업 산업안전보건관리비계상 및 사용기준」이 재해예방에 필요한 예산 기준이 될 수 있다.

✓ 「건설업 산업안전보건관리비계상 및 사용기준」(고용노동부 고시 제2022-43호)에 따른 산업안전보건관리비계상기준이 재해예방을 위해 필요한 인력, 시설 및 장비 구입에 필요한 예산의 기준이 될 수 있다.

✓ 그러나 산업안전보건관리비의 계상은 산안법의 건설공사 발주자의 의무이다.

✓ 사업주나 경영책임자등은 이 법에 따라 도급이나 용역 등을 매개로 하여 노무를 제공하는 종사자들에 대해서도 안전보건 확보의무 등을 이행하여야 한다.

✓ 특히 인력, 시설 및 장비를 갖추기 위한 예산 편성이 산업안전보건관리비에 국한해서는 안 되며, 이와는 별개로 중대재해처벌법에 따라 재해예방을 위한 예산을 편성하고 집행해야 할 것이다.

Q 50	'안전보건관리책임자 등'의 충실한 업무수행을 위한 조치란?
A	'안전보건관리책임자 등'에게 해당 업무수행에 필요한 권한과 예산을 주어야 하며, 업무수행에 대하여 평가하는 기준을 마련하고, 그 기준에 따라 반기에 1회 이상 평가·관리하는 것을 말한다.

✓ '안전보건관리책임자 등'이란, 산안법에서 산업재해 예방을 위하여 각 사업장에서 선임하는 안전보건관리책임자, 관리감독자 및 안전보건총괄책임자를 말한다.

✓ 개인사업주 또는 경영책임자등은
  - 안전보건관리책임자 등이 사업장의 안전보건에 관한 제반 업무를 충실히 수행하도록 권한과 예산을 부여한다.
  - 안전보건관리책임자 등의 업무수행에 대한 평가와 그 관리를 하여 사업장의 안전조치 및 보건조치의 실효성을 높이기 위함이다.

✓ 안전보건관리책임자 등이 담당 업무를 충실하게 수행하는지를 평가하는 기준은 구체적이고 세부적으로 마련하여 실질적인 평가가 될 수 있어야 한다.

✓ 평가 기준에 따라 반기에 1회 이상 실시해야 하며 다른 업무수행에 대한 평가와 병행도 가능하다.

A '안전보건관리책임자'는 사업장의 산업재해 예방계획의 수립 등 안전 및 보건에 관한 업무를 총괄 관리하며 안전관리자와 보건관리자를 지휘 감독한다.

✓ '안전보건관리책임자'는 사업장을 실질적으로 총괄하여 관리하는 사람으로서 통상적으로 사업장의 현장소장, 공장장 등이 선임된다.

✓ 일정 규모 이상(업종에 따라 상시근로자 수 50명 이상, 100명 또는 300명) 이상의 사업장(건설업은 총공사금액 20억 원 이상의 현장)의 사업장은 안전보건관리책임자를 선임하여야 한다.

✓ 안전보건관리책임자의 업무
- 사업장의 산재예방계획 수립에 관한 사항
- 안전보건관리규정의 작성·변경에 관한 사항
- 근로자에 대한 안전보건교육에 관한 사항
- 작업환경의 점검 및 개선에 관한 사항
- 근로자의 건강진단 등 건강관리에 관한 사항
- 산업재해의 원인 조사 및 재발방지 대책 수립에 관한 사항
- 산업재해에 관한 통계의 기록 및 유지관리에 관한 사항
- 안전장치 및 보호구 구매 시 적격품 여부 확인에 관한 사항

- 위험성평가의 실시에 관한 사항
- 안전보건규칙에서 정하는 근로자의 위험 또는 건강장해의 방지에 관한 사항

✓ 사업주 또는 경영책임자등은 안전보건관리책임자가 사업장 담당 업무를 수행하고 안전관리자와 보건관리자를 지휘 감독하는 데 필요한 권한과 예산(예: 안전점검 비용, 보호구 구입, 안전보건교육·지도 비용 등)을 주어야 하며,

✓ 안전보건관리책임자의 업무수행에 대하여 반기에 1회 이상 평가하고 관리하여야 한다.

안전보건관리책임자를 두어야 하는 사업의 종류 및 사업장의 상시근로자 수(산안법 시행령 제14조 제1항 관련)

사업의 종류	사업장의 상시근로자 수
1. 토사석 광업 2. 식료품 제조업, 음료 제조업 3. 목재 및 나무제품 제조업; 가구 제외 4. 펄프, 종이 및 종이제품 제조업 5. 코크스, 연탄 및 석유정제품 제조업 6. 화학물질 및 화학제품 제조업; 의약품 제외 7. 의료용 물질 및 의약품 제조업 8. 고무 및 플라스틱제품 제조업 9. 비금속 광물제품 제조업 10. 1차 금속 제조업	상시근로자 50명 이상

11. 금속가공제품 제조업; 기계 및 가구 제외 12. 전자부품, 컴퓨터, 영상, 음향 및 통신장비 제조업 13. 의료, 정밀, 광학기기 및 시계 제조업 14. 전기장비 제조업 15. 기타 기계 및 장비 제조업 16. 자동차 및 트레일러 제조업 17. 기타 운송장비 제조업 18. 가구 제조업 19. 기타 제품 제조업 20. 서적, 잡지 및 기타 인쇄물 출판업 21. 해체, 선별 및 원료 재생업 22. 자동차 종합 수리업, 자동차 전문 수리업	상시근로자 50명 이상
23. 농업 24. 어업 25. 소프트웨어 개발 및 공급업 26. 컴퓨터 프로그래밍, 시스템 통합 및 관리업 27. 정보서비스업 28. 금융 및 보험업 29. 임대업; 부동산 제외 30. 전문, 과학 및 기술 서비스업(연구개발업은 제외한다) 31. 사업지원 서비스업 32. 사회복지 서비스업	상시근로자 300명 이상
33. 건설업	공사금액 20억 원 이상
34. 제1호부터 제33호까지의 사업을 제외한 사업	상시근로자 100명 이상

Q 52	**'관리감독자'는 어떤 일을 하는가?**
A	'관리감독자'는 사업장의 생산과 관련되는 업무와 그 소속 직원을 직접 지휘·감독하는 직위에 있는 사람으로 해당 작업과 관련된 기계·기구 또는 설비의 안전보건 점검과 자신에게 소속된 근로자의 작업복·보호구 착용 등 점검과 작업 전 안전모임 진행 등 작업과 관련하여 종사자와 가장 밀접하게 안전보건에 관한 업무를 수행한다.

✓ 계선조직의 담당자로 직장, 조장, 반장 등 작업 근로자를 직접 지휘·감독하는 현장 감독자를 말한다.

✓ 관리감독자의 업무
- 사업장 내 관리감독자가 지휘·감독하는 작업과 관련된 기계·기구 또는 설비의 안전보건 점검 및 이상 유무의 확인
- 관리감독자에게 소속된 근로자의 작업복·보호구 및 방호장치의 점검과 그 착용·사용에 관한 교육·지도
- 해당 작업에서 발생한 산업재해에 관한 보고 및 이에 대한 응급조치
- 해당 작업의 작업장 정리·정돈 및 통로 확보에 대한 확인·감독
- 안전관리자, 보건관리자, 안전보건관리담당자, 산업보건의의 지도·조언에 대한 협조
- 위험성평가를 위한 유해·위험요인의 파악 및 개선조치 시행에 참여

✓ 관리감독자에게 자신이 지휘·감독하는 작업과 관련한 기계·기구 또는 설비의 안전보건 점검 및 이상 유무의 확인 및 소속된 근로자의 작업복, 보호구 및 방호장치의 점검과 그 착용 사용에 관한 교육 지도 등에 필요한 시간, 비용 지원 등 업무수행을 위한 권한과 예산을 주어야 한다.

A '안전보건총괄책임자'는 도급인의 사업장에서 관계 수급인의 근로자가 작업을 할 때, 도급인의 근로자와 관계수급인 근로자의 산업재해를 예방하기 위한 업무를 총괄하여 관리하도록 지정된 그 사업장의 안전보건관리책임자를 말한다.

✓ 도급인이 안전보건관리책임자를 두지 아니하여도 되는 사업장에서는 그 사업장에서 사업을 총괄하여 관리하는 사람을 안전보건총괄책임자로 지정하여야 한다.

✓ 안전보건관리책임자가 있는 사업장은 별도의 안전보건총괄책임자를 두지 않고 안전보건관리책임자가 안전보건총괄책임자의 역할도 수행할 수 있다.

✓ 안전보건총괄책임자를 지정해야 하는 사업의 종류 및 사업장의 상시근로자 수는 관계 수급인에게 고용된 근로자를 포함한다.
  - 선박 및 보트건조업: 100명 이상
  - 1차 금속제조업 및 토사석, 광업: 50명 이상
  - 관계 수급인의 공사금액을 포함한 해당 공사의 총공사금액이 20억 원 이상인 건설업

✓ 사무직 근로자만 사용하는 사업장은 안전보건총괄책임자 선임 의무 없다.

- 사무직이란 기업전략·조직을 기획·관리·지원하는 업무를 통해 소속 사업체의 운영을 통제·관리하고, 직접적인 산업활동을 수행하지 않으며 경영지원업무 등에 종사하는 자를 의미한다고 볼 수 있다.
- 인터넷 서비스, 시스템 통합관리 등을 영위하는 회사는 '사무직에 종사하는 근로자만을 사용하는 사업장'으로 볼 수 없다 (산재예방정책과-621, 2019. 02. 11.).

✓ 안전보건총괄책임자의 업무
- 안전보건관리책임자의 업무
- 위험성평가 실시에 관한 사항
- 산업재해가 발생할 급박한 위험이 있는 경우 및 중대재해 발생 시 작업의 중지
- 도급 시 산업재해 예방조치
- 산업안전보건관리비의 관계 수급인 간의 사용에 관한 협의·조정 및 그 집행의 감독
- 안전인증 대상기계 등과 자율안전 확인 대상 기계 등의 사용 여부 확인

✓ 사업주 또는 경영책임자등은 안전보건관리책임자가 사업장 담당 업무를 수행하고 안전관리자와 보건관리자를 지휘 감독하는 데 필요한 권한과 예산을 주어야 한다.

Q 54	안전관리자, 보건관리자, 안전보건관리담당자 및 산업 보건의의 배치란?
A	산업재해 예방을 위해서는 안전 및 보건에 관한 기술적인 사항에 관하여 안전보건관리책임자를 보좌하고 관리감독자에게 지도·조언하는 안전관리자, 보건관리자, 안전보건관리담당자 및 산업보건의를 배치해야 한다.

✓ 안전보건관리책임자는 해당 사업장의 사업을 총괄하여 관리하는 사람이나, 안전 또는 보건에 관한 전문가는 아니다.
- 따라서 개인사업주나 경영책임자등은 사업장에 산안법의 규정에 따라 안전관리자, 보건관리자, 안전보건관리담당자 및 산업보건의를 배치해야 한다.

✓ 다른 법령에서 해당 인력의 배치에 대해 다르게 규정하고 있으면 그에 따른다.
- 「기업규제완화법」에서 안전관리자 또는 보건관리자의 배치 의무를 면제하거나 안전관리자 또는 보건관리자를 채용한 것으로 간주하는 요건을 충족한 때에는 안전관리자 또는 보건관리자를 선임하지 않아도 선임한 것으로 본다.

✓ 일정 규모 이하 사업장의 전문인력은 겸직할 수 있다.
- 안전관리자와 보건관리자
  » 상시근로자 수 300명 미만을 사용하는 사업장
  » 건설업의 공사금액 120억 원(토목공사업의 경우에는 150억 원) 미만의 사업장(안전관리자)

- 안전보건관리담당자(상시근로자 수 20명 이상 50명 미만 사업장에 선임 의무가 있다.).

✓ 겸직할 때는 고용노동부장관이 정하여 고시하는 기준에 따라 안전·보건에 관한 업무 수행시간을 보장해야 한다(고용노동부고시 제2022-14호).

- 안전관리자 등의 안전보건에 관한 업무수행을 위한 최소시간은 연간 585시간(재해위험성이 높은 업종은 702시간) 이상이 되어야 한다.

- 위 최소시간에서,

  » 상시근로자가 100명 이상 200명 미만인 사업장의 경우에는 100시간을 추가하여야 한다.

  » 200명 이상 300명 미만인 사업장의 경우에는 200시간을 추가하여야 한다.

Q 55	'안전관리자'는 어떤 일을 하는가?
A	'안전관리자'는 안전에 관한 기술적인 사항에 관하여 사업주 또는 안전보건관리책임자를 보좌하고 관리감독자를 지도·조언하는 업무를 수행하는 사람이다.

✓ 상시근로자 수 50명 이상 사업장 또는 공사금액 50억 원 이상인 건설공사는 안전관리자를 두어야 하며, 사업의 종류와 사업장의 상시 근로자의 수에 따라 배치하는 안전관리자의 수가 다르다.

✓ 전담 안전관리자를 선임해야 하는 사업장
  • 상시근로자 수 300명 이상 사업장(건설업 제외)
  • 건설업: 공사금액 120억 원(토목공사업은 150억 원) 이상 사업장

✓ 건설업을 제외하고, 상시 근로자 수 300명 미만인 사업장의 경우 안전관리전문기관에 위탁이 가능하다.

✓ 사업주는 안전관리자의 업무수행 내용을 기록·유지하여야 하며, 안전관리자를 선임하거나 안전관리업무를 위탁한 경우 지방노동관서장에게 선임보고서를 제출해야 한다.

✓ 안전관리자의 자격

■ 산안법 시행령 [별표 4] 안전관리자의 자격(제17조 관련)

안전관리자는 다음 각 호의 어느 하나에 해당하는 사람으로 한다.

1. 법 제143조 제1항에 따른 산업안전지도사 자격을 가진 사람

2. 「국가기술자격법」에 따른 산업안전산업기사 이상의 자격을 취득한 사람

3. 「국가기술자격법」에 따른 건설안전산업기사 이상의 자격을 취득한 사람

4. 「고등교육법」에 따른 4년제 대학 이상의 학교에서 산업안전 관련 학위를 취득한 사람 또는 이와 같은 수준 이상의 학력을 가진 사람

5. 「고등교육법」에 따른 전문대학 또는 이와 같은 수준 이상의 학교에서 산업안전 관련 학위를 취득한 사람

6. 「고등교육법」에 따른 이공계 전문대학 또는 이와 같은 수준 이상의 학교에서 학위를 취득하고, 해당 사업의 관리감독자로서의 업무(건설업의 경우는 시공실무경력)를 3년(4년제 이공계 대학 학위 취득자는 1년) 이상 담당한 후 고용노동부장관이 지정하는 기관이 실시하는 교육(1998년 12월 31일까지의 교육만 해당한다.)을 받고 정해진 시험에 합격한 사람. 다만, 관리감독자로 종사한 사업과 같은 업종(한국표준산업분류에 따른 대분류를 기준으로 한다.)의 사업장이면서, 건설업의 경우를 제외하고는 상시근로자 300명 미만인 사업장에서만 안전관리자가 될 수 있다.

7. 「초·중등교육법」에 따른 공업계 고등학교 또는 이와 같은 수준이상의 학교를 졸업하고, 해당 사업의 관리감독자로서의 업무(건설업의 경우는 시공실무경력)를 5년 이상 담당한 후 고용노동부장관이 지정하는 기관이 실시하는 교육(1998년 12월 31일까지의 교육만 해당한다.)을 받고 정해진 시험에 합격한 사람. 다만, 관리감독자로 종사한 사업과 같은 종류인 업종(한국표준산업분류에 따른 대분류를 기준으로 한다.)의 사업장이면서, 건설업의 경우를 제외하고는 별표 3 제28호 또는 제33호의 사업을 하는 사업장(상시근로자 50명 이상 1천명 미만인 경우만 해당한다.)에서만 안전관리자가 될 수 있다.

8. 다음 각 목의 어느 하나에 해당하는 사람. 다만, 해당 법령을 적용받은 사업에서만 선임될 수 있다.

　가. 「고압가스 안전관리법」 제4조 및 같은 법 시행령 제3조 제1항에 따른 허가를 받은 사업자 중 고압가스를 제조·저장 또는 판매하는 사업에서 같은 법 제15조 및 같은 법 시행령 제12조에 따라 선임하는 안전관리 책임자

　나. 「액화석유가스의 안전관리 및 사업법」 제5조 및 같은 법 시행령 제3조에 따른 허가를 받은 사업자 중 액화석유가스 충전 사업·액화석유가스 집단공급사업 또는 액화석유가스 판매사업에서 같은 법 제34조 및 같은 법 시행령 제15조에 따라 선임하는 안전관리책임자

　다. 「도시가스사업법」 제29조 및 같은 법 시행령 제15조에 따라 선임하는 안전관리 책임자

　라. 「교통안전법」 제53조에 따라 교통안전관리자의 자격을 취득한 후 해당 분야에 채용된 교통안전관리자

　마. 「총포·도검·화약류 등의 안전관리에 관한 법률」 제2조 제3항에 따른 화약류를 제조·판매 또는 저장하는 사업에서 같은법 제27조 및 같은 법 시행령 제54조·제55조에 따라 선임하는 화약류제조보안책임자 또는 화약류관리보안책임자

　바. 「전기안전관리법」 제22조에 따라 전기사업자가 선임하는 전기안전관리자

9. 제16조 제2항에 따라 전담 안전관리자를 두어야 하는 사업장(건설업은 제외한다.)에서 안전 관련 업무를 10년 이상 담당한 사람

10. 「건설산업기본법」 제8조에 따른 종합공사를 시공하는 업종의 건설현장에서 안전보건관리책임자로 10년 이상 재직한 사람

A '보건관리자'는 보건에 관한 기술적인 사항에 관하여 사업주 또는 안전보건관리책임자를 보좌하고 관리감독자를 지도·조언하는 업무를 수행하는 사람이다.

- ✓ 상시근로자 수 50명 이상 사업장 또는 공사금액 800억 원 이상인 건설공사는 보건관리자를 두어야 하며, 사업의 종류와 사업장의 상시 근로자의 수에 따라 배치하는 보건관리자의 수가 다르다.

- ✓ 상시근로자 수 300명 이상 사업장은 전담 보건관리자를 선임해야 하며, 상시근로자 수 300명 미만인 사업장은 보건관리자가 다른 업무를 겸할 수 있다.

- ✓ 건설업을 제외한 상시근로자 수 300명 미만인 사업장은 보건관리전문기관에 위탁이 가능하다.

- ✓ 사업주는 보건관리자의 업무수행 내용을 기록·유지하여야 한다.

- ✓ 사업주는 보건관리자를 선임하거나 보건관리업무를 위탁해도 지방노동관서장에게 선임보고서를 제출해야 한다.

✓ 보건관리자의 자격

■ 산안법 시행령 [별표 6] 보건관리자의 자격(제21조 관련)
보건관리자는 다음 각 호의 어느 하나에 해당하는 사람으로 한다.

1. 법 제143조 제1항에 따른 산업보건지도사 자격을 가진 사람

2. 「의료법」에 따른 의사

3. 「의료법」에 따른 간호사

4. 「국가기술자격법」에 따른 산업위생관리산업기사 또는 대기환경산
   업기사 이상의 자격을 취득한 사람

5. 「국가기술자격법」에 따른 인간공학기사 이상의 자격을 취득한 사람

6. 「고등교육법」에 따른 전문대학 이상의 학교에서 산업보건 또는 산
   업위생 분야의 학위를 취득한 사람(법령에 따라 이와 같은 수준
   이상의 학력이 있다고 인정되는 사람을 포함한다.)

Q 57	'안전보건관리담당자'는 어떤 일을 하는가?
A	'안전보건관리담당자'는 안전관리자 또는 보건관리자의 선임 의무가 없는 사업장에서, 안전 및 보건에 관하여 사업주를 보좌하고 관리감독자를 지도·조언하는 업무를 수행하는 사람이다.

✓ 안전보건관리담당자 선임 의무가 있는 사업장

- 제조업, 임업, 하수 폐수 및 분뇨 처리업, 폐기물 수집·운반·처리 및 원료재생업, 환경정화 및 복원업에 해당하고

- 안전관리자와 보건관리자가 없으며

- 상시근로자가 20명 이상 50명 미만인 사업장

✓ 안전보건관리담당자의 자격

- 안전관리자의 자격을 갖추었을 것

- 보건관리자의 자격을 갖추었을 것

- 고용노동부 장관이 정하여 고시하는 안전보건 교육을 이수했을 것

✓ 안전보건관리담당자는 업무에 지장이 없는 범위에서 다른 업무를 겸할 수 있으며, 사업주는 안전보건관리담당자 선임 사실 및 업무를 수행을 증명할 수 있는 서류를 갖추어 두어야 한다.

Q 58	'산업보건의'는 어떤 일을 하는가?
A	'산업보건의'는 근로자의 건강관리나 그 밖에 보건관리자의 업무를 지도하는 사람이다.

✓ '산업보건의'는 근로자의 건강관리나 그 밖에 보건관리자의 업무를 지도하는 사람이다.

✓ 보건관리자를 두어야 하는 사업으로서 상시근로자 수 50명 이상인 사업장은 산업보건의를 두어야 하지만, 다음의 사업장은 선임 의무가 없다.
  · 보건관리자를 의사로 둔 사업장
  · 보건관리전문기관에 보건관리자의 업무를 위탁한 사업장(건설업을 제외한 상시 근로자 수 300명 미만인 사업장만 가능하다.).

✓ 산업보건의 자격
  · 의사로서 직업환경의학과 전문의, 예방의학 전문의
  · 산업보건에 관한 학식과 경험이 있는 사람

✓ 산업보건의는 외부에서 위촉할 수 있으며 이 경우 근로자 2천 명당 1명의 산업보건의를 위촉해야 한다.

✓ 산업보건의의 직무

- 근로자 건강진단 결과의 검토 및 그 결과에 따른 작업 배치, 작업 전환 또는 근로시간의 단축 등 근로자의 건강보호 조치
- 근로자의 건강장해의 원인 조사와 재발 방지를 위한 의학적 조치 등

✓ 사업주는 산업보건의를 선임하거나 위촉했을 때는 14일 이내에 고용노동부장관에게 그 사실을 증명할 수 있는 서류를 제출해야 한다.

Q 59	안전보건에 관한 종사자의 의견 청취 방법과 절차는?
A	사업주 또는 경영책임자등은 사업 또는 사업장의 안전보건에 관한 의견 청취 절차를 마련하여 종사자의 의견을 청취하고, 개선이 필요한 경우에는 개선방안을 마련하여, 이행하는지를 반기에 1회 이상 점검한 후 필요한 조치를 하여야 한다.

✓ 중대산업재해 예방을 위해서는 해당 작업장소의 위험이나 개선사항을 가장 잘 알고 있는 현장 작업자인 종사자의 의견을 듣고 반영하는 절차를 체계적으로 두도록 한 것이다.

✓ 종사자는,
- 「근로기준법」상의 근로자
- 도급, 용역, 위탁 등 계약의 형식에 관계없이 그 사업의 수행을 위하여 대가를 목적으로 노무를 제공하는 자
- 사업이 여러 차례의 도급에 따라 행하여지는 경우에는 각 단계의 수급인 및 수급인의 근로자 또는 대가를 목적으로 노무를 제공하는 자이다.

✓ 사업 또는 사업장의 안전보건에 관한 사항에 대해 종사자의 의견을 듣는 절차
- 사내 온라인 시스템이나 건의함
- 사업장 단위 혹은 팀 단위로 주기적인 회의나 간담회

✓ 종사자의 의견이 재해예방에 필요하다고 인정되면 개선방
안을 마련하여 이행하는지를 반기에 1회 이상 점검한다.
- 종사자의 의견 반영방식이나 절차, 기준 등을 마련한다.

✓ 「산안법」 제24조에 따른 산업안전보건위원회 및 같은 법
제64조·제75조에 따른 안전 및 보건에 관한 협의체에서
사업 또는 사업장의 안전보건에 관하여 논의하거나 심의·
의결한 경우에는 해당 종사자의 의견을 들은 것으로 본다
(Q.60 참조).

Q 60	산업안전보건위원회 또는 안전보건에 관한 협의체에서 심의·의결·협의 사항이란?
A	사업 또는 사업장의 안전보건에 관하여 산안법에 따라 운영 중인 위원회 등에서 논의하거나 심의·의결·협의한 경우에는 해당 종사자의 의견을 들은 것으로 간주한다.

✓ 산업안전보건위원회(산안법 제24조)는,

- 사업장의 안전 및 보건에 관한 중요 사항을 심의·의결하는 위원회이다.

- 사업장의 근로자위원과 사용자위원을 같은 수로 구성·운영한다.

- 정기회의는 분기마다 개최한다.

- 심의·의결사항

  » 사업장의 산업재해 예방계획의 수립

  » 안전보건관리규정의 작성 및 변경

  » 안전보건교육

  » 작업환경 측정 등 작업환경의 점검 및 개선

  » 근로자의 건강진단 등 건강관리

  » 중대재해의 원인 조사 및 재발방지 대책수립

  » 유해·위험한 기계 기구·설비의 안전 보건

  » 조치에 관한 사항 등

✓ 도급인의 안전 및 보건에 관한 협의체(산안법제64조)

- 도급인이 자신의 사업장에서 관계 수급인 근로자가 작업을 하는 경우에 도급인과 수급인을 구성원으로 하여 운영하는 회의체이다.

- 정기회의는 매월 1회 이상 개최한다.

- 협의 사항

  » 작업의 시작 시간

  » 작업 또는 작업장 간 연락방법

  » 재해 발생 위험시 대피방법

  » 위험성평가 실시에 관한 사항

  » 사업주와 수급인 또는 수급인 상호 간의 연락 방법 및 작업공정의 조정

✓ 건설공사의 안전 및 보건에 관한 협의체(산안법 제75조)

- 공사금액이 120억 원(토목공사업은 150억 원) 이상인 건설공사의 도급인이 해당 건설공사 현장에 근로자위원과 사용자위원을 같은 수로 구성·운영하는 노사협의체를 말한다.

- 정기회의는 2개월마다 노사협의체의 위원장이 소집하며 임시회의는 위원장이 필요하다고 인정할 때에 소집한다.

- 심의·의결사항은 산업안전보건위원회 심의·의결사항과 동일하다.

- 협의 사항

  » 산업재해 예방방법 및 산업재해가 발생한 경우의 대피방법

  » 작업의 시작 시간, 작업 및 작업장 간의 연락방법

  » 그 밖의 산업재해 예방과 관련된 사항

Q 61	중대산업재해 발생 및 발생이 급박한 위험에 대비한 매뉴얼 마련 및 점검이란?
A	사업 또는 사업장에 중대산업재해가 발생하거나 발생할 급박한 위험이 있을 때, 작업중지 등에 대한 매뉴얼을 마련하고, 해당 매뉴얼에 따라 조치하는지를 반기에 1회 이상 점검해야 한다.

✓ 매뉴얼을 마련하고 반기에 1회 이상 점검해야 할 조치내용
- 작업중지, 근로자 대피, 위험요인 제거 등 대응조치
- 중대산업재해를 입은 사람에 대한 구호조치
- 추가 피해방지를 위한 조치

✓ 매뉴얼은 긴급 상황에서 체계적으로 대응하고 해당 조치에 응할 수 있도록 종사자 전원에게 공유되어야 한다.

✓ 작업 중지, 근로자 대피, 위험요인 제거 등 대응조치
- 매뉴얼에는 사업주의 작업 중지 외에 근로자 등 종사자의 작업중지권, 관리감독자의 작업 중지권도 포함할 수 있도록 한다.
- 사업주는 중대산업재해가 발생하면 즉시 해당 작업을 중지시키고 근로자를 대피시켜야하며, 지체 없이 발생개요, 피해상황, 조치 및 전망 등을 지방고용노동관서에 보고한다.
- 도급인은 발파작업을 하는 경우에 작업장소에서 화재·폭발·토사·구축물 등의 붕괴 또는 지진 등이 발생할 경우에 대비한 경보체계 운영과 대피방법 등에 관한 훈련을 하여야 하며, 이를 매뉴얼에 포함한다.

- 중지된 작업은 필요한 안전 및 보건에 관한 조치를 한 후에 작업을 개시한다.
- 작업중지 등의 의견을 제시하였다는 이유로 종사자 또는 종사자가 소속된 수급인 등에게 불이익한 조치를 하여서는 아니 된다.

✓ 중대산업재해를 입은 사람에 대한 구호조치
- 119 등 긴급 상황 시의 연락체계와 함께 사업 또는 사업장 특성에 따라 필요한 기본적인 응급조치 방안을 포함해야 한다.
- 건축물의 붕괴 등으로 인하여 추가 피해가 예상되면 직접적인 구호조치 이행의 예외로 할 수 있다.

✓ 추가 피해방지를 위한 조치
- 현장 출입통제, 해당 사업장 외 유사 작업이 이루어지는 사업장 등 전체 사업 또는 사업장에 해당 사항을 공유하고 원인 분석 및 재발 방지대책 마련 등을 포함한다.
- 작업중지 조치는 추가 피해방지를 위한 조치가 완료될 때까지 유지되어야 한다.

Q 62	도급, 용역, 위탁 등의 경우 종사자의 안전 및 보건 확보를 위한 조치란?
A	도급인은 수급인 선정 시 기술·가격 등에 관한 사항뿐만 아니라 안전보건에 관한 역량이 우수한 업체가 선정될 수 있도록 하려는 조치이다.

✓ 도급, 용역, 위탁 등을 받는 자의 안전보건 확보를 위한 기준과 절차 마련

- 수급업체를 선정할 때 수급인의 안전보건에 관한 조치 능력과 기술을 평가하는 기준과 절차를 마련해야 한다.
- 수급인 평가기준(안전조치 및 보건조치를 위한 능력과 기술역량)
  - » 안전보건관리체계 구축 여부
  - » 안전보건관리규정
  - » 작업절차 준수
  - » 안전보건교육 실시
  - » 위험성평가 참여
  - » 중대산업재해 발생 여부 등

✓ 안전보건을 위한 관리비용에 관한 기준

- 수급인의 안전보건 관리비용에 관한 기준을 마련해야 한다.
- 사업 내·외부 전문가의 자문과 실무자와의 협의 등의 검증절차를 거쳐서 충분한 비용을 책정하도록 한다.
- 안전보건을 위한 관리비용은 항목별로 구체적인 기준을 제시하여야 한다.

- 안전보건을 위한 관리비용은 도급계약에 수반되는 금액으로 도급금액 외에 별도로 지급하는 비용은 아니다.

✓ 안전보건을 위한 공사기간 또는 건조기간에 관한 기준
- 수급인 종사자의 산업재해 예방을 위해 안전하게 작업할 수 있는 충분한 작업기간을 말한다.
- 건설업·조선업은 비용절감 등을 위하여 무리하게 공사기간, 건조기간을 단축해서는 안되며, 돌발 사태 등을 충분히 고려하여 기간에 관한 기준을 마련한다.
- 과도하게 짧은 기간을 제시한 업체는 실격되도록 하는 항목도 기준에 포함한다.

✓ 안전보건 확보를 위한 기준과 절차에 따른 이행 여부 점검
- 기준과 절차에 따라 도급, 용역, 위탁 등의 업체가 선정되는지를 반기에 1회 이상 점검해야 한다.
- 안전 및 보건 확보가 이행되기 어려울 것으로 보이는 업체와는 계약하지 않는다.
- 공사기간·건조기간을 준수할 수 있도록 실제 계약이 제대로 이행되는지도 점검항목에 포함한다.

Q 63	재해 발생 시 재발방지 대책의 수립 및 그 이행에 관한 조치란?
A	사업주 또는 경영책임자등은 사업 또는 사업장에서 재해가 발생하면 그 원인을 조사하여 분석한 결과를 보고받아야 하며, 재발 방지를 위하여 현장실무자와 안전보건 전문가 등의 의견을 듣는 절차를 마련하여 재해 원인의 근본적 해소를 위한 체계적 대응조치를 마련하고 실행해야 한다.

✓ 여기에서 '재해'는 반드시 중대산업재해만을 의미하는 것은 아니고 경미한 산업재해도 포함하는 개념이다.

✓ 재발방지 대책의 수립 및 그 이행에 관한 조치
- 사업주 또는 경영책임자등은 재해가 발생하면 보고받을 수 있는 절차를 마련하고, 재발방지 대책을 수립하도록 지시하거나 이를 제도화해야 한다.
- 발생한 재해에 대한 조사와 결과 분석, 현장 담당자 및 전문가의 의견수렴 등을 통해 유해·위험요인과 발생원인을 파악하고, 동일·유사한 재해가 재발하지 않도록 유해·위험요인별 제거·대체 및 통제 방안을 검토하여 종합적인 개선 대책을 수립한다.
- 유해 위험요인의 확인·개선·절차 등에 반영될 수 있도록 설계해야 한다.

Q 64	경미한 사고도 재발방지 대책을 수립하고 그 이행에 관한 조치를 해야 하는가?
A	아차 사고가 여러 번 발생했음에도 개선되지 않으면 통상 산업재해로 이어지므로 재발방지 대책을 수립하고 그 이행에 관한 조치를 해야 한다.

- ✓ 아차 사고라도 종사자에게 해당 내용을 제출하게 하고, 제출된 결과를 확인하여 필요한 조치를 한다면 중대재해를 예방할 수 있을 것이다.

- ✓ '아차 사고'란 생명·건강에 위해를 초래할 가능성이 있었으나 산업재해로는 이어지지 않은 사고를 말하며, 아차 사고가 여러 번 발생했음에도 불구하고 개선되지 않으면 통상 산업재해로 이어진다.

- ✓ '하인리히 법칙(Heinrich's law, 1:29:300 법칙)'이란 어떤 대형사고가 발생하기 전에는 그와 관련된 수십 번의 경미한 사고와 수백 번의 징후들이 반드시 나타난다는 것을 뜻하는 통계적 법칙이다. 큰 재해는 항상 사소한 것들을 방치할 때 발생하므로 문제나 오류를 초기에 신속히 발견해 대처해야 한다는 의미로 사용된다.

- ✓ 해외 기업들의 아차 사고 예방 활동: RCA(Root Cause Analysis)

- 해외글로벌기업은 아차 사고에 대해서도 근본적이고 구조적인 원인을 파악하는데 많은 시간과 노력을 기울인다.
- 업무수행 중 발생한 사고에 대해서 아래와 같은 순서로 예방 활동을 진행한다.
  - » 1단계: 발생원인 분석을 통하여 재해 발생의 근본 원인을 파악한다(Root Cause Analysis). 이때 발생원인은 ▲직접원인(불완전한 상태, 불완전한 행위), ▲간접원인(기술적, 교육적, 관리적 원인) 등으로 나누어 분석한다.
  - » 2단계: 근본 원인에 대한 조치계획을 수립하여 개선하며, 조치계획은 ▲긴급대응 계획▲ 영구적 대책으로 나누어 수립한다.
  - » 3단계: 조치계획에 대해서는 부서 관리감독자, 부서장, 환경안전팀장, 안전보건관리책임자까지 검토하여 조치결과 확인을 통해 재발하지 않도록 조치한다.

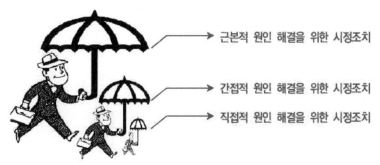

근본적 원인 해결을 위한 시정조치

간접적 원인 해결을 위한 시정조치

직접적 원인 해결을 위한 시정조치

(고용노동부, 중대재해처벌법 따라 하기, 60쪽)

Q 65	중앙행정기관 및 지방자치단체가 개선·시정을 명한 사항이란?
A	중앙행정기관 및 지방자치단체가 종사자의 안전보건상 유해 또는 위험을 방지하기 위해 관계 법령상의 개선 또는 시정을 명한 행정처분을 말한다.

✓ 중앙행정기관 및 지방자치단체가 개선·시정을 명한 사항
- 중앙행정기관 또는 지방자치단체가 관계 법령에 따라 시행한 개선·시정명령은 원칙적으로 서면으로 시행된다.
- 개선·시정명령은 '행정처분'을 의미하고, 행정지도나 권고·조언은 포함하지 않는다.
- 중앙행정기관, 지방자치단체의 행정처분이 이루어진다면 그 사실은 물론 그 구체적인 내용에 대하여 개인사업주 또는 경영책임자등에게 보고되는 시스템을 구축해야 할 것이다.

✓ 중앙행정기관, 지방자치단체가 개선 또는 시정을 명한 사항이 이행되지 않은 상태에서 중대산업재해가 발생하였다면, 사업주나 경영자등은 이 법의 처벌 대상이 될 수 있다.

✓ 시정명령의 예
- 산안법 제53조(고용노동부장관의 시정조치등)
- 산안법 제56조(중대재해 원인 조사 등)

Q 66	안전보건 관계 법령에 따른 의무이행에 필요한 관리상의 조치란?
A	개인사업주 또는 경영책임자등은 종사자의 안전보건 확보를 위해 안전보건 관계 법령상 의무가 제대로 이행되도록 관리하고, 미이행 시에는 구체적인 의무이행에 필요한 조치를 취하는 것을 말한다.

✓ 안전보건 관계 법령에 따른 의무를 이행했는지를 반기에 1회 이상 점검(해당 안전보건 관계법령에 따라 중앙행정기관의 장이 지정한 기관 등에 위탁하여 점검하는 경우를 포함한다.)하고, 직접 점검하지 않은 경우에는 점검이 끝난 후 지체 없이 점검 결과를 보고받아야 한다.

✓ 위의 점검 또는 보고 결과 안전보건 관계 법령에 따른 의무가 이행되지 않은 사실이 확인될 때는 인력을 배치하거나 예산을 추가로 편성·집행하도록 하는 등 해당 의무이행에 필요한 조치를 해야 한다.

✓ 안전보건 관계 법령에 따라 의무적으로 실시해야 하는 유해·위험한 작업에 관한 안전보건에 관한 교육이 실시되었는지를 반기에 1회 이상 점검하고, 직접 점검하지 않은 경우에는 점검이 끝난 후 지체 없이 점검 결과를 보고받아야 한다.

✓ 위의 점검 또는 보고 결과 실시되지 않은 교육에 대해서는 지체 없이 그 이행의 지시, 예산의 확보 등 교육실시에 필요한 조치를 해야 한다.

✓ 안전보건 관계 법령

- 안전보건 관계 법령이란 해당 사업 또는 사업장에 적용되는 것으로 종사자의 안전보건을 확보하는데 관련되는 모든 법령을 말한다.
- 「산안법」을 비롯하여, 법률의 목적이 직·간접적으로 근로자의 안전 및 보건 확보를 위한 것으로서 관련 규정을 담고 있는 「광산안전법」, 「원자력안전법」, 「항공안전법」, 「선박안전법」, 「연구실 안전환경 조성에 관한 법률」, 「폐기물관리법」, 「생활물류서비스산업발전법」, 「선원법」, 「생활주변방사선안전관리법」 등을 포함하는 것으로 본다.

Q 67 '건설공사 발주자'도 도급인인가?

A '건설공사 발주자'는 원칙적으로 도급인이 아니다.

✓ 이 법에서는 '도급'에 대한 정의 규정이 없으며, 산안법에서는 '건설공사 발주자'는 '도급인'에서 제외한다.

✓ 산안법에서는 다음과 같이 규정하고 있다.
- '도급'이란 명칭에 관계없이 물건의 제조·건설·수리 또는 서비스의 제공, 그 밖의 업무를 타인에게 맡기는 계약을 말한다.
- '도급인'이란 물건의 제조·건설·수리 또는 서비스의 제공, 그 밖의 업무를 도급하는 사업주를 말한다. 다만, 건설공사발주자는 제외한다.

✓ 건설공사 발주자가 해당 공사 또는 시설·장비·장소 등에 대하여 실질적으로 지배·운영·관리하지 않는다면 이 법을 적용받지 않지만, 실질적으로 지배·운영·관리한다면 이 법을 적용받을 수 있다.

'임대인'도 이 법의 안전보건 확보의무가 있는가?

A 임대차는 임차인이 그 해당 장소나 시설에 대하여 실질적인 지배·관리를 하며 사용하여 수익을 얻고 임대인에게 차임을 지급하는 계약으로 이 법의 안전보건 확보의무는 없다.

✓ 임대인은 계약기간 동안 임차인이 목적물을 사용·수익할 수 있도록 그것을 인도한다.

✓ 임차인은 계약 또는 그 성질에 의하여 정해진 용법으로 임차물을 사용·수익하고 약정된 차임을 지급하므로 그 사업의 실질적인 지배·운영·관리자는 임차인이 된다. 따라서 임대인은 중대재해처벌법의 책임은 없다.

✓ '실질적인 지배·운영·관리'란, 유해·위험 요인을 제거·통제할 수 있고, 경영적 관점에서 하나의 사업목적 아래 해당 사업 또는 사업장의 조직, 인력, 예산 등에 관한 결정을 총괄하여 행사하는 경우를 의미한다.

✓ 그러나 계약의 형식은 임대차이지만, 임대인이 실질적으로 도급인으로서 해당 장소나 시설에 대하여 실질적으로 지배·운영·관리한다면, 이 법의 적용을 받으므로 도급인으로서의 안전보건 확보의무가 있다.

<table>
<tr><td>Q
69</td><td>중대산업재해에 대한 처벌 대상과 처벌 기준은?</td></tr>
<tr><td>A</td><td>중대재해처벌법은 개인사업주 또는 경영책임자등이 이 법에 따른 안전보건 확보의무를 위반하면 바로 처벌받는 것이 아니라, 그 위반 상태에서 중대산업재해가 발생했을 때 처벌한다.</td></tr>
</table>

✓ 처벌대상

- 이 법은 개인사업주 또는 경영책임자등에게 직접적으로 안전보건 확보의무를 부과하고, 그 의무를 위반하여 발생한 중대산업재해에 대하여 법 위반 주체로서 처벌한다.

- 처벌은 중대산업재해를 당한 자의 소속 사업주와 경영책임자등뿐만 아니라, 그 시설이나 장비, 장소 등에 대하여 실질적인 지배·운영·관리하는 책임이 있는 도급인 등에게도 안전보건 확보의무(제5조)의 책임을 묻는다.

✓ 가중 : 중대산업재해로 형을 선고받고 그 형이 확정된 후 5년 이내에 다시 중대산업재해가 발생하면 다시 받게 될 형의 2분의 1까지 가중한다.

✓ 중대재해처벌법에 따른 범죄는 안전보건 확보의무 위반으로 여러 명을 사망, 부상 또는 질병에 이르게 하여도 하나의 죄로 본다.

✔ 처벌기준 요약

중대산업 재해 유형	– 사망자가 1명 이상 발생	– 동일한 사고로 6개월 이상 치료가 필요한 부상자가 2명 이상 발생 – 동일한 유해요인으로 급성중독 등 대통령령으로 정하는 직업성 질병자가 1년 이내에 3명 이상
처벌기준	– 1년 이상의 징역 또는 10억 원 이하의 벌금 – 징역과 벌금을 병과할 수 있다	– 7년 이하의 징역 또는 1억 원 이하의 벌금
가중처벌	– 중대산업재해로 선고받은 형이 확정된 후 5년 이내에 다시 중대산업재해가 발생하면 – 형의 2분의 1까지 가중처벌 한다.	
양벌규정 (법인 또는 기관) 개인사업주 제외	– 50억 원 이하의 벌금	– 10억 원 이하의 벌금
	– 위반행위를 방지하기 위하여 해당 업무에 상당한 주의와 감독을 게을리하지 않은 경우 면책 가능	

Q 70	중대산업재해가 발생하면 법인이나 기관도 처벌받는가?

A 법인 또는 기관의 경영책임자등이 그 법인 또는 기관의 업무에 관하여 안전보건 확보의무를 위반하여 중대산업재해에 이르게 한 경우 해당 경영책임자등을 벌하는 외에 그 법인 또는 기관 그 자체를 벌금형의 형사벌로 처벌한다.

✓ 중대산업재해가 발생하면 법인 또는 기관의 경영책임자등이 처벌받는 것으로 그치는 것이 아니라, 그 법인 또는 기관도 벌금형의 형사벌로 처벌된다. 이를 양벌규정이라 한다.

✓ 법인이 아닌 단체나 민법상 조합, 익명조합, 상법상 합자조합도 이 규정을 적용받는다고 본다.

✓ 국가는 형벌권의 주체이지 객체가 될 수 없어 양벌규정에 의한 처벌 대상이 되지 않는다.

✓ 지방자치단체는 국가가 아니다.
  • 국가의 기관위임사무를 수행하는 지방자치단체는 양벌규정에 의한 처벌 대상이 될 수 없다.
  • 자치사무를 수행하는 경우에는 양벌규정에 의한 처벌 대상에 해당된다.

✓ 법인 또는 기관이 법인 또는 기관이 그 위반행위를 방지하기 위하여 해당 업무에 관하여 상당한 주의와 감독을 게을리하지 아니한 경우에는 처벌하지 않는다.

✓ 법인이나 기관에 대한 처벌기준
  • 종사자가 사망한 중대산업재해의 경우에는 50억 원 이하의 벌금
  • 종사자가 부상 또는 직업성 질병의 중대산업재해를 입은 경우에는 10억 원 이하의 벌금

✓ 법인과 기관에만 적용하며, 개인사업주에게는 적용하지 않는다. 개인 사업주는 이미 징역 또는 벌금형의 처벌을 받았기 때문이다.

Q 71	중대재해처벌법의 처벌을 받으면 산안법의 처벌은 없는가?
A	중대산업재해가 발생하여 개인사업주나 경영자등이 처벌받는다고 하여, 산안법의 처벌이 면제되는 것이 아니다.

✓ 이 법을 위반한 처벌은 사업주나 경영책임자등이 안전보건 확보의무 위반에 대한 처벌이다.

✓ 산안법은 사업장 단위로 안전보건 의무를 규정하고 있으며, 이에 대한 구체적인 관리·감독은 안전관리자 등이 행한다. 따라서 이를 위반하여 산업재해가 발생하면 안전관리자 등의 행위자에게 산안법 위반의 책임을 물어 처벌한다.

✓ 따라서 중대산업재해가 발생하여 개인사업주나 경영자등에게 처벌이 있다고 하여 산안법의 처벌을 면할 수는 없을 것이다. 중대재해처벌법의 처벌은 사업주나 경영책임자등의 안전보건 확보의무 위반으로 인한 중대재해 발생에 대한 처벌이고, 산안법의 안전관리자 등에 대한 처벌은 그들이 산안법을 위반한 것에 대한 처벌이다.

✓ 그러나 개인사업주나 경영책임자 등이 안전관리자 등을 겸직하다가 중대산업재해가 발생하였다면, 하나의 행위가 복수의 죄에 해당되는 상상적 경합범에 해당하여 중한 죄에서 정한 형으로 처벌될 것이다.

Q 72

'노무에 종사하지 않는 수급인'이 재해를 당한 경우에도 도급인이 처벌받는가?

A '노무에 종사하지 않는 수급인'의 재해는 처벌할 수 없다.

✓ 이 법의 처벌 대상인 '중대산업재해'는 산안법의 '산업재해' 중에서 '사망자가 발생하는 등'의 재해이다.

✓ 산안법의 '산업재해'는 '노무를 제공하는 사람'이 업무에 관계되는 건설물·설비·원재료·가스·증기·분진 등에 의하거나 작업 또는 그 밖의 업무로 인하여 사망 또는 부상하거나 질병에 걸리는 것을 말한다.

✓ 따라서 노무에 종사하지 않는 수급인의 재해는 산안법의 '산업재해'가 아니기 때문에 중대재해처벌법의 적용대상이 아니다.

✓ 그러나 이 법의 '종사자'에 해당하는 노무에 종사하는 수급인의 재해는 중대산업재해가 될 수 있으며, 이때는 도급인이 그 시설, 장비, 장소 등에 대하여 실질적으로 지배·운영·관리하였다면 이 법의 처벌을 받을 것이다.

Q 73	근로자의 실수나 안전수칙 위반으로 인한 중대산업재해가 발생하여도 사업주 등이 형사처벌을 받는가?
A	근로자가 안전수칙이나 작업지시를 중대하게 위반한 사고는 안전보건 확보의무와 사고간의 인과관계가 없어서 처벌을 면할 수 있을 것이다.

✓ 사업주 또는 경영책임자등이 중대재해처벌법에 따른 의무를 다하였다면 이 법의 의무 위반으로 처벌되지 않는다.

✓ 근로자의 실수나 안전수칙 위반 등을 방치하거나 묵인하는 것은 사업주나 경영책임자등이 안전보건 관리체계 구축 및 이행을 다 했다고 보기는 어려울 것이다.

✓ 근로자의 실수나 안전수칙 위반 등에 대해서는 취업규칙에 따른 제재, 작업에서 배제하는 등의 조치를 하여야 할 것이다.

✓ 근로자가 안전수칙이나 작업지시를 중대하게 위반한 사고는 안전보건 확보의무와 사고 간의 인과관계가 없어서 처벌을 면할 수 있을 것이다.

✓ 최근 기사에 의하면, 검찰청이 작업지시 위반의 사고에 대하여 인과관계가 없다며 '혐의없음'으로 처리한 사례가 있다.
(https://www.chosun.com/national/labor/2022/09/05/
GHDLTETNZ5HYHD6J5ZT4JI2M3U/)

- 사례 1) 경비원이 사고 당시 옹벽 부근 청소를 지시받은 사실이 없는데, 1m 높이 아파트 울타리를 넘어 4.5m 높이 옹벽 아래에서 추락하여 숨진 사고.
- 사례 2) 차량 운전자가 차에 상체만 걸친 채 시동을 걸자 차량이 곧바로 전진, 차문이 주택가 벽에 닿았고, 차문과 차체 사이에 운전자 몸이 끼어 사망한 사고.

✓ 이 법 제15조의 손해배상책임의 고려사항으로 '고의 또는 중대과실의 정도'가 있다. 따라서 근로자의 실수나 안전수칙 위반은 손해배상책임의 고려사항에는 반영될 수 있다. (Q. 74 참조).

✓ 사업주나 경영책임자등은 위험성 평가 등을 통해 발견된 유해·위험 작업은 법령에 따른 안전수칙과 표준작업절차에 따라 작업이 수행되도록 관리하여야 한다.

Q 74	중대재해로 손해를 입은 사람의 손해에 대한 '징벌적 손해배상'이란?
A	사업주 또는 경영책임자등이 고의 또는 중대한 과실로 이 법에서 정한 의무를 위반하여 중대재해가 발생하면 해당 사업주, 법인 또는 기관이 중대재해로 손해를 입은 사람에 대하여 그 손해액의 5배를 넘지 아니하는 범위에서 배상책임을 진다.

✓ 이 규정은 중대산업재해와 중대시민재해에 공통적으로 적용된다.

✓ 이 규정은 사업주 또는 경영책임자의 고의 또는 중대한 과실에 대한 배상책임 규정이다.

✓ '징벌적 손해배상'이란, 실제 입은 전보손해보다 큰 배상을 하여 부정·부당한 행위에 대하여 제재를 가하는 것으로 이 법에서는 그 손해액의 5배 범위 이내에서 배상하도록 규정하고 있다.

✓ 그러나 법인 또는 기관이 해당 업무에 관하여 상당한 주의와 감독을 게을리하지 아니한 경우에는 이 규정을 적용하지 않지만, 개인사업주는 실질적인 행위 주체이기 때문에 면책 규정이 없다.

✓ 징벌적 손해배상액을 정할 때 고려사항

- 고의 또는 중대한 과실의 정도
- 이 법에서 정한 의무위반행위의 종류 및 내용
- 이 법에서 정한 의무위반행위로 인하여 발생한 피해의 규모
- 이 법에서 정한 의무위반행위로 인하여 사업주나 법인 또는 기관이 취득한 경제적 이익
- 이 법에서 정한 의무위반행위의 기간·횟수 등
- 사업주나 법인 또는 기관의 재산상태
- 사업주나 법인 또는 기관의 피해구제 및 재발방지 노력의 정도

Q 75	사업주나 경영책임자등이 이 법을 위반한 중대산업재해는 고의 범죄인가?
A	이 법의 안전보건 확보의무 위반 즉, 안전보건 관리체계가 부실함에도 인력·예산 등 지원 대책 없이 위험한 작업을 포함한 사업을 강행하거나 중대재해의 위험성을 알고도 방치하였다면 미필적 고의가 인정될 수 있을 것이다.

✓ 산안법 위반죄 사안에서 판례는 사업주를 대신하여 행위자로 선정된 자가 개별적·구체적으로 작업을 지시하지 않았더라도, 사업장에서 안전조치가 취해지지 않은 상태에서의 작업이 이루어지고 있고, 향후 그러한 작업이 계속될 것이라는 사정을 미필적으로 인식하고서도 이를 방치한 경우 고의를 인정하고 있다.

✓ 중대재해처벌법은 산안법에서 안전보건 조치의무를 부여한 것과 달리 법과 시행령에서 경영책임자등에게 '안전보건 확보의무'라는 새로운 의무를 부여하고 있으므로 입증하여야 할 고의의 대상이 다르고, 경영책임자등이 실제 현장의 구체적인 안전보건과 관련된 사항을 모두 인식할 수 없으므로 산안법 위반죄의 고의에 관한 판례를 그대로 적용할 수는 없을 것이다.

✓ 그러나 경영책임자등이 구체적인 개별 공정에서의 진행 상황을 알지 못하였다고 주장하더라도 안전보건 관리체계 구축, 재발방지 대책 수립 및 이행, 개선 명령 이행 등을 하지 않았다면 고의가 인정될 여지가 있다는 점에서 실무상 고의 인정 범위가 넓게 해석될 가능성이 있다.

Q 76	중대산업재해가 발생한 법인 또는 기관의 경영책임자 등이 받아야 할 안전보건교육이란?
A	중대산업재해가 발생한 법인 또는 기관의 경영책임자등에게 중대산업재해 예방에 관한 인식을 개선하고 안전보건 관리체계 구축 및 발생한 중대산업재해에 대한 원인분석과 대책 수립 이행을 촉진하고자 안전보건교육을 이수하게 한다.

✓ 교육대상: 중대산업재해가 발생한 사업의 법인 또는 기관의 경영책임자등이며, 개인사업주는 제외된다.

✓ 교육기준: 경영책임자등이 안전보건 확보의무(제4조) 및 도급 등의 관계에서의 안전보건 확보의무(제5조)를 위반하였는지를 고려하지 않는다.

✓ 교육시간: 총 20시간의 범위

✓ 교육내용:
   • 안전보건 관리체계의 구축 등 안전보건에 관한 경영 방안
   • 중대산업재해의 원인분석과 재발 방지 방안

✓ 교육시기 및 방법:
   • 고용노동부 장관은 분기별로 중대산업재해가 발생한 법인 또는 기관을 대상으로 안전보건교육을 이수해야 할 교육대상자를 확정하고 교육대상자에게 30일 전에 통보해야 한다.

- 교육대상자는 해당 교육일정에 참여할 수 없는 정당한 사유가 있는 경우에는 안전보건교육 실시일 7일 전까지 고용노동부 장관에게 안전보건교육의 연기를 한 번만 요청할 수 있다.

✓ 비용부담: 교육대상자가 부담한다.

✓ 안전보건 교육기관은 교육이수자 명단을 고용노동부 장관에게 통보하고, 교육이수자가 고용노동부 장관에게 교육이수확인증 발급을 요청하면 지체 없이 발급해야 한다.

Q 77	경영책임자등이 안전보건교육을 받지 않아도 제재가 없는가?
A	경영책임자등이 안전보건교육을 정당한 사유 없이 이행하지 아니하면 5천만 원 이하의 과태료를 부과받을 수 있다.

✓ 경영책임자등이 정당한 사유 없이 안전보건교육을 받지 않으면 5천만 원 이하의 과태료를 부과한다.

- 1차: 1천만 원
- 2차: 3천만 원
- 3차: 5천만 원

✓ 과태료의 감경

- 사업 또는 사업장의 규모나 공사 규모에 따른 과태료 감경
  » 상시 근로자 수가 50명 미만인 사업 또는 사업장이거나 공사 금액이 50억 원 미만인 건설공사의 사업 또는 사업장인 경우에 과태료의 2분의 1 범위에서 감경이 가능하다.

- 다음의 사유에 해당하는 경우에는 추가로 과태료의 2분의 1 범위에서 감경할 수 있다.
  » 위반행위자가 자연재해·화재 등으로 재산에 현저한 손실을 입었거나 사업 여건의 악화로 사업이 중대한 위기에 처하는 등의 사정이 있는 경우
  » 위반행위가 사소한 부주의나 오류로 인한 것으로 인정되는 경우
  » 위반행위자가 법 위반 상태를 시정하거나 해소하기 위해 노력한 것이 인정되는 경우
  » 위반행위의 정도, 동기와 그 결과 등을 고려해 과태료 금액을 줄일 필요가 있다고 인정되는 경우

제4장
중대시민재해

A '중대시민재해'란 특정 원료 또는 제조물, 공중이용시설 또는 공중교통수단의 설계, 제조, 설치, 관리상의 결함을 원인으로 하여 이용자 또는 그밖의 사람의 생명, 신체의 손상 등으로 발생한 사망 등의 중대한 재해를 말한다.

✓ 중대재해는 중대산업재해와 중대시민재해로 구분하며, 중대산업재해는 중대시민재해에서 제외한다.

✓ 중대시민재해는 이용자 또는 일반시민이 특정 원료 또는 제조물, 공중이용시설 또는 공중교통수단의 설계, 제조, 설치, 관리상의 결함을 원인으로 하여 발생한 재해 중에서 다음의 중대한 재해를 말한다.

- 사망자가 1명 이상 발생
- 동일한 사고로 2개월 이상 치료가 필요한 부상자가 10명 이상 발생

  » 동일한 사고는 시간적·장소적 근접성이 있어야 한다.

  » 재활기간은 치료기간에서 제외한다.

  » 최초진단일에는 치료기간이 2개월 미만이었지만 합병증 등으로 치료기간이 연장되었다면 그때 2개월이 이상 치료가 필요한 때가 된다.

- 동일한 원인으로 3개월 이상 치료가 필요한 질병자가 10명 이상 발생
  » 동일한 원인은 하나의 사업주, 법인 또는 기관에서 통제 가능한 재해원인 중에서 같은 것을 말한다.
  » 재활기간은 치료기간에서 제외된다.
  » 최초진단일에는 치료기간이 2개월 미만이었지만 합병증 등으로 치료기간이 연장되었다면 동일한 원인으로 발생한 질병으로 본다.

✓ 중대시민재해의 보호 대상은 이용자 또는 그 밖의 사람이다.

✓ 자연재난재해와 이용자의 부주의에 의한 재해는 제외될 수 있지만, 재해의 원인이 특정 원료 또는 제조물, 공중이용시설 또는 공중교통수단의 설계, 제조, 설치, 관리상의 결함과 겹칠 때는 중대시민재해에 해당할 수 있을 것이다.

A '자연재난재해'는 원칙적으로 중대시민재해에서 제외되지만, 재해의 원인이 특정 원료 또는 제조물, 공중이용시설 또는 공중교통수단의 설계, 제조, 설치, 관리상의 결함과 겹칠 때는 중대시민재해에 해당할 수 있을 것이다.

✓ 중대시민재해의 책임 귀속 문제에서 인과관계는 핵심적인 쟁점이 될 것이다.

✓ 중대시민재해에 있어서는 그 정의 규정에 따라 원료·제조물, 공중이용시설·공중교통수단의 설계, 제조, 설치, 관리상의 결함과 재해 발생 사이의 인과관계가 중요한 쟁점으로 내포되어 있어, 인과관계가 단절되었다면 그 책임을 물을 수 없을 것이다.

✓ 따라서 사업주나 경영책임자등이 중대시민재해의 예견 가능성이나 지배 가능성이 인정되기 어려운 불가항력적 천재지변, 제3자의 고의 행위 등의 요인으로 인하여 중대시민재해 사고가 발생한 경우에까지 이 법을 적용할 수는 없을 것이다.

✓ 그러나 재해발생의 외부 요인이 통상 예견될 수 있는 것이라면 인과관계가 단절된다고 보기는 어렵다.

✓ 사업주 등이 안전보건 확보의무를 위반하여 중대시민재해가 발생한 경우 피해자나 제3자의 행위 또는 불가항력적 요소가 일부 개입되어 있다고 하더라도 예견 가능성이 인정되는 이상 인과관계도 인정된다고 해석함이 상당하다.

✓ 실제로 '경주 M리조트 붕괴 사건'에서 법원은 폭설이 일부 요인이 되었더라도 해당 리조트 체육관을 시공한 업체 운영자 등의 시공상 주의의무 위반과 그러한 붕괴 사고 사이의 관계가 인정된다고 보았다(대법원 2015. 7. 9. 선고 2015도5512 판결).

Q 80	중대시민재해의 적용 범위는?

A 중대시민재해의 적용 범위에 대하여 원료 및 제조물에 대해서는 특별한 규정이 없어 모든 원료 및 제조물에 적용되는 것으로 판단되며, 공중이용시설은 시설별로, 공중교통수단은 교통수단별로 규정하고 있다.

✓ 원료 및 제조물에 대해서는 특별한 규정이 없어 모든 원료 및 제조물에 적용되는 것으로 판단된다.

✓ 공중이용시설은 시설별로 규정하고 있지만, 다음의 시설은 적용이 제외된다.

- 「소상공인 보호 및 지원에 관한 법률」 제2조에 따른 소상공인의 사업 또는 사업장 및 이에 준하는 비영리시설
- 「교육시설 등의 안전 및 유지관리 등에 관한 법률」 제2조 제1호에 따른 교육시설

✓ 공중교통수단은 교통수단별로 규정하고 있다.

Q 81	중대시민재해의 적용 시기는 언제부터인가?
A	중대시민재해의 적용 시기도 2022. 1. 27.부터이다. 그러나 부칙에 의하여 개인사업주 또는 상시근로자 수 50인 미만인 사업과 총공사금액 50억 원 미만의 공사는 2년의 유예기간을 주어 2024. 1. 27. 부터 적용된다.

✓ 중대시민재해에 대한 적용 시기는 중대산업재해와 같이 2022. 1. 27.부터이다.

✓ 그러나 부칙에서 개인사업주 또는 상시근로자수 50인 미만인 사업과 총공사금액 50억 원 미만의 공사는 2년의 적용 유예기간을 주어 2024. 1. 27.부터 적용된다.

✓ 이와 같은 해석은 부칙에서 특별하게 적용범위를 중대산업재해로 한정하지 않았기 때문에 중대시민재해에도 공통적으로 적용하는 것으로 해석된다.

Q 82	중대시민재해를 예방할 의무가 있는 사업주 또는 경영책임자등은 누구인가?
A	사업주나 법인 또는 기관이, 1. 실질적으로 지배·운영·관리하는 사업 또는 사업장에서 생산·제조·판매·유통 중인 원료나 제조물의 설계, 제조, 관리를 하는 사업주 또는 경영책임자등 2. 실질적으로 지배·운영·관리하는 공중이용시설 또는 공중교통수단의 사업주나 경영책임자등 3. 공중이용시설 또는 공중교통수단과 관련하여 제3자에게 도급·용역·위탁 등을 행한 사업주나 경영책임자등이다(다만, 사업주나 법인 또는 기관이 그 시설, 장비, 장소 등에 대하여 실질적으로 지배·운영·관리하는 책임이 있는 경우에 한정한다.).

✓ 중대시민재해의 예방을 위하여 안전보건 확보의무가 있는 사업주 또는 경영자등은 중대산업재해의 해석과 같다.(Q 18 참조).

✓ 실질적인 지배·운영·관리하는 경우란?

• 소유권, 점유권, 임차권 등 장소, 시설, 설비에 대한 권리를 가지고 있는 경우

• 사업 또는 사업장의 생산·제조·판매·유통 중인 원료·제조물 또는 공중이용시설·공중교통수단으로 인한 유해·위험요인을 통제할 수 있는 경우

• 보수·보강을 실시하여 안전하게 관리해야 하는 의무를 가지는 경우 등이다.

A 중대시민재해 예방을 위한 사업주와 경영책임자등의 안전보건 확보의무를 요약하면 다음의 표와 같다(국토교통부, 중대재해처벌법 해설, 28쪽).

[1] 안전보건 관리체계 구축 및 이행에 관한 조치			
1. 필요한 안전인력 확보	→	점검 반기 1회 이상	→	조치 인력 배치 예산 편성 집행·검토
2. 필요한 안전예산 편성·집행			
3. 안전점검 계획 수립·수행			
4. 안전 계획 수립·이행			
5. 재해예방 업무절차 마련·이행			
6. 도급·용역·위탁 기준과 절차 마련·이행	→	점검 연 1회 이상	
[2] 재해 발생 시 재발방지 대책의 수립 및 그 이행에 관한 조치			
[3] 중앙행정기관·지자체가 관계 법령에 따라 개선, 시정 등을 명한 사항의 이행에 관한 조치			
[4] 관계 법령에 따른 의무이행 필요한 조치			
7. 관계 법령의 의무이행 점검(위탁점검 포함)	→	점검 연 1회 이상	→	미이행시 조치 인력 배치 및 예산을 추가로 편성·집행
8. 안전관리자/종사자의 교육 이수			교육미이수시 조치 교육실시 위한 필요조치

Q 84	중대시민재해의 제조·설계·관리상의 결함의 대상이 되는 원료·제조물이란?
A	원료는 제조에 투입되는 것을 말하며, 제조물이란 제조되거나 가공된 동산을 말한다.

✓ 원료: 정의 규정은 없으나, 제조에 투입되는 것을 말하며, 일반적으로 '어떤 물건을 만드는데 들어가는 재료'라는 의미로 사용된다.

✓ 제조물: 제조되거나 가공된 동산(다른 동산이나 부동산의 일부를 구성하는 것도 포함한다.)을 말한다.

✓ 원료·제조물의 범위

- 모든 원료·제조물: 기본적으로 모든 원료·제조물을 대상으로 볼 수 있으며, 제조물의 속성상 인체 유해성이 없는 경우(승강기, 자동차 등)도 있으나, 이러한 것도 관리상 결함이 있는 경우 유해·위험이 존재하므로 중대시민재해 예방을 위한 조치를 취해야 한다.
- 원료·제조물의 생산·제조·판매·유통: 중대재해처벌법은 생산·제조·판매·유통 과정의 원료·제조물에 적용되므로, 사업자의 모든 영업과정이 포함되며, 이 과정에서 이용되는 원료·제조물이 적용대상이 된다.

✓ '결함'이란 해당 제조물에 다음의 어느 하나에 해당하는 제조상·설계상 또는 표시상의 결함이 있거나 그 밖에 통상적으로 기대할 수 있는 안전성이 결여되어 있는 것을 말한다(제조물책임법 제2조 제2호).

- '제조상의 결함'이란 제조업자가 제조물에 대하여 제조상·가공상의 주의의무를 이행하였는지와 관계없이 제조물이 원래 의도한 설계와 다르게 제조·가공되어 안전하지 못한것을 말한다.

- '설계상의 결함'이란 제조업자가 합리적인 대체설계(代替設計)를 채용하였더라면 피해나 위험을 줄이거나 피할 수 있었음에도 대체설계를 채용하지 아니하여 해당 제조물이 안전하지 못하게 된 경우를 말한다.

- '관리상의 결함'이란, 해당 시설이 관계 법령에 따른 시설기준 등에 부적합한 경우 특별한 사정이 없으면 공작물·영조물 책임에서의 하자에 해당한다.

Q 85	원료·제조물 관련 안전보건 관리체계의 구축 및 이행 조치란?
A	사업주 또는 경영책임자등은 사업 또는 사업장에서 생산·제조·판매·유통 중인 원료나 제조물의 설계, 제조, 관리상의 결함으로 인한 그 이용자 또는 그 밖의 사람의 생명, 신체의 안전을 위하여, 재해예방에 필요한 인력·예산·점검 등 안전보건 관리체계의 구축 및 그 이행에 관한 조치를 해야 한다.

✓ 사업주나 경영책임자등은 다음 사항을 이행하는 데 필요한 인력을 갖추어 중대시민재해 예방을 위한 업무를 수행해야 한다.

- 안전보건 관계 법령에 따른 안전보건 관리업무의 수행
- 유해·위험요인의 점검과 위험징후 발생 시 대응
- 그 밖에 원료·제조물 관련 안전보건 관리를 위해 환경부 장관이 정하여 고시하는 사항

환경부 고시 (제2022-26호)

제3조(인력 확보) 사업주와 경영책임자등은 다음 각 호의 사항을 이행하는 데 필요한 인력을 확보한다.

1. 법 제9조 제1항 제4호의 안전·보건 관계 법령에 따른 안전·보건 관리 업무
2. 원료, 제조물의 생산·제조 시 안전점검, 안전진단, 성능시험, 성능평가, 품질검사, 안전정보 알림, 품질관리체계 운영, 유해·위험요인 신고접수 및 처리 등 유해·위험요인 점검업무
3. 원료, 제조물의 보관·유통 시 보관·진열 위생관리, 제품표시 확인, 부패·변질·유통기한 관리, 안전정보 알림, 안전운송, 유해·위험요인 신고접수 및 처리 등 유해·위험요인 점검업무

4. 유해·위험요인이 발견 또는 신고 접수된 경우 제2호 또는 제3호에 따른 긴급 안전점검을 실시하고 사업주 또는 경영책임자등에게 보고하고, 조치가 필요한 경우 해당 원료 및 제조물의 파기, 수거, 판매중지 또는 관련 시설 등의 정비, 보수, 보강 등 긴급 안전조치 및 조치결과통보 업무
5. 법 제9조 제1항 제4호의 안전·보건 관계 법령에 따른 안전보건교육, 직무교육, 관리자교육, 판매자 교육, 기술교육, 위생관리 교육 등 의무교육

- 반기에 1회 이상 점검하고, 점검 결과에 따라 인력을 배치하거나 예산을 추가로 편성·집행하도록 하는 등 중대시민재해 예방에 필요한 조치를 해야 한다.

✓ 사업주나 경영책임자등은 다음 사항을 이행하는 데 필요한 예산을 편성하고 집행해야 한다.

- 안전보건 관계 법령에 따른 인력·시설 및 장비 등의 확보·유지
- 유해·위험요인의 점검과 위험징후 발생시 대응
- 그 밖에 원료·제조물 관련 안전보건 관리를 위해 환경부장관이 정하여 고시하는 사항

환경부 고시 (제2022-26호)

제4조(예산 편성·집행) 사업주와 경영책임자등은 다음 각 호의 사항을 이행하는 데 필요한 예산을 편성·집행한다.

1. 법 제9조 제1항 제4호의 안전·보건 관계 법령에 따른 인력·시설 및 장비 등의 확보·유지
2. 유해·위험요인의 점검을 위한 인력·시설 및 장비 등의 확보·유지
3. 유해·위험요인이 발견 또는 신고 접수된 경우 긴급안전 점검 및 조치가 필요한 경우 긴급안전조치
4. 법 제9조 제1항 제4호의 안전·보건 관계 법령에 따른 안전보건교육, 직무교육, 관리자교육, 판매자 교육, 기술교육, 위생 관리교육 등 의무교육

- 위의 사항을 반기에 1회 이상 점검하고, 점검 결과에 따라 인력을 배치하거나 예산을 추가로 편성·집행하도록 하는 등 중대시민재해 예방에 필요한 조치를 해야 한다.

✓ 이 법 시행령 [별표 5]에서 정하는 원료 또는 제조물로 인한 중대시민재해를 예방하기 위해 다음의 조처를 해야 한다. (소상공인 제외)
- 유해·위험요인의 주기적인 점검
- 제보나 위험징후의 감지 등을 통해 발견된 유해·위험요인을 확인한 결과 중대시민재해의 발생 우려가 있는 경우의 신고 및 조치
- 중대시민재해가 발생한 경우의 보고, 신고 및 조치
- 중대시민재해 원인 조사에 따른 개선 조치

■ 중대재해 처벌 등에 관한 법률 시행령 [별표 5]
제8조 제3호에 따른 조치 대상 원료 또는 제조물

1. 「고압가스 안전관리법」 제28조 제2항 제13호의 독성가스
2. 「농약관리법」 제2조 제1호, 제1호의 2, 제3호 및 제3호의2의 농약, 천연식물보호제, 원제(原劑) 및 농약활용기자재
3. 「마약류 관리에 관한 법률」 제2조 제1호의 마약류
4. 「비료관리법」 제2조 제2호 및 제3호의 보통비료 및 부산물비료
5. 「생활화학제품 및 살생물제의 안전관리에 관한 법률」 제3조 제7호 및 제8호의 살생물물질 및 살생물제품
6. 「식품위생법」 제2조 제1호, 제2호, 제4호 및 제5호의 식품, 식품첨가물, 기구 및 용기·포장

7. 「약사법」 제2조 제4호의 의약품, 같은 조 제7호의 의약외품(醫藥 外品) 및 같은 법 제85조 제1항의 동물용 의약품·의약외품

8. 「원자력안전법」 제2조 제5호의 방사성물질

9. 「의료기기법」 제2조 제1항의 의료기기

10. 「총포·도검·화약류 등의 안전관리에 관한 법률」 제2조 제 3항의 화약류

11. 「화학물질관리법」 제2조 제7호의 유해화학물질

12. 그 밖에 제1호부터 제11호까지의 규정에 준하는 것으로서 관계 중앙행정기관의 장이 정하여 고시하는 생명·신체에 해로운 원료 또는 제조물

Q 86	원료·제조물 관련 안전보건 관계 법령에 따른 의무이 행에 필요한 관리상의 조치란?
A	사업주 또는 경영책임자등은 안전보건 관계 법령에 따른 의무이행 점검과 안전보건 관계 법령에 따른 의무교육 실시를 반기에 1회 이상 점검하고, 미실시가 확인되면 실시에 필요한 조치를 해야 한다.

✓ '안전보건 관계 법령'이란 해당 사업 또는 사업장에서 생산·제조·판매·유통 중인 원료나 제조물에 적용되는 것으로써 그 원료나 제조물이 사람의 생명·신체에 미칠 수 있는 유해·위험요인을 예방하고 안전하게 관리하는 데 관련되는 법령을 말한다.

✓ 안전보건 관계 법령에 따른 의무이행에 필요한 관리조치의 구체적인 사항은 다음과 같다.

- 안전보건 관계 법령에 따른 의무를 이행했는지를 반기에 1회 이상 점검(해당 안전보건 관계 법령에따라 중앙행정기관의 장이 지정한 기관 등에 위탁하여 점검하는 경우를 포함한다.)하고, 점검을 위탁하였다면 점검이 끝난 후 지체 없이 점검 결과를 보고받을 것
- 점검 또는 보고 결과 안전보건 관계 법령에 따른 의무가 이행되지 않은 사실이 확인될 때는 인력을 배치하거나 예산을 추가로 편성·집행하도록 하는 등 해당 의무이행에 필요한 조치를 할 것

- 안전보건 관계 법령에 따라 의무적으로 실시해야하는 교육이 실시되는지를 반기에 1회 이상 점검하고, 위탁 점검하였다면 점검이 끝난 후 지체 없이 점검 결과를 보고받을 것
- 점검 또는 보고 결과 실시되지 않은 교육에 대해서는 지체 없이 그 이행의 지시, 예산의 확보 등 교육 실시에 필요한 조치를 할 것

Q 87	'버스의 결함'으로 인한 사고가 났을 때 이 법의 적용 여부?
A	'버스의 결함'으로 인한 사고가 발생했을 때, 이 법의 적용 여부는 다양한 각도에서 검토되어야 한다.

✓ 버스가 제조·설계상의 결함으로 중대시민재해가 발생했다면 제조업체의 책임이 될 것이다. 이때는 제조업체가 제조·설계상의 결함이 있는 차량을 생산하여 판매하였기 때문에 원료, 제조물에 의한 중대시민재해가 된다.

✓ 버스가 제조·설계·관리상 결함 없이 판매된 이후에, 운영업체의 관리상 결함 예컨대 정비불량 등으로 인한 사고라면, 이때는 원료, 제조물에 의한 재해가 아니라, 공중교통수단에 의한 재해가 될 수 있다.

✓ 이 법은 여객자동차운수사업 중에서 '시외버스운송사업'만 공중교통수단으로 규정하고 있다.
  • 시외버스운송사업으로는 시외우등고속버스, 시외고속버스, 시외고급고속버스, 시외우등직행버스, 시외직행버스, 시외고급행직행버스, 시외우등일반버스, 시외일반버스가 있다(Q. 89 참조).

✓ 시내버스, 택시, 관광버스 등은 이 법에서 공중교통수단으로 규정하지 않았으므로, 이러한 교통수단을 이용하다가 발생한 재해는 중대시민재해가 아니다.

이 법이 적용되는 '공중이용시설'이란?

A

이 법이 적용되는 '공중이용시설'은
- 「실내공기질 관리법」의 시설
- 「시설물의 안전 및 유지관리에 관한 특별법」의 시설물(공동주택은 제외한다)
- 「다중이용업소의 안전관리에 관한 특별법」의 영업장
- 그 밖에 위의 기준에 준하는 시설로서 재해 발생시 생명·신체상의 피해가 발생할 우려가 높은 장소이다.

✓ 중대재해처벌법이 적용되는 '공중이용시설'은 다음과 같이 분류하여 적용하고 있다.

적용공중이용시설	적용제외시설	
	기본적 제외시설	시설별 적용제외
「실내공기질관리법」 제3조 제1항의 시설(시행령 제3조 제1호) [별표 2]	– 「소상공인 보호 및 지원에 관한 법률」 제2조에 따른 소상공인의 사업 또는 사업장 및 이에 준하는 비영리시설 – 「교육시설 등의 안전 및 유지관리 등에 관한 법률」 제2조 제1호에 따른 교육시설은 제외한다.	「다중이용업소의 안전관리에 관한 특별법」제2조 제1항 제1호에 따른 영업장은 제외)
「시설물의 안전 및 유지관리에 관한 특별법」의 시설물(공동주택은 제외) (시행령 제3조 제2호) [별표 3]		주택과 주택 외의 시설을 동일 건축물로 건축한 건축물과 오피스텔인 건축물
「다중이용업소의 안전관리에 관한 특별법」 제2조 제1항 제1호에 따른 영업장 중 해당 영업에 사용하는 바닥면적의 합계가 1천 제곱미터 이상인 것		
그 밖에 위의 기준에 준하는 시설로서 재해 발생 시 생명·신체상의 피해가 발생할 우려가 높은 장소) (시행령 제3조 제4호)		시행령 제3조 제2호는 제외

✓ 기본적 적용제외 시설

- 「소상공인 보호 및 지원에 관한 법률」 제2조에 따른 소상공인
  의 사업 또는 사업장 및 이에 준하는 비영리시설

소상공인 보호 및 지원에 관한 법률
제2조(정의) 이 법에서 "소상공인"이란 「소상공인기본법」 제2조에 따른 소상공인을 말한다.

> ### 소상공인기본법
> 제2조(정의)
> ① 이 법에서 "소상공인"이란 「중소기업기본법」 제2조 제2항에 따른 소기업(小企業) 중 다음 각 호의 요건을 모두 갖춘 자를 말한다.
> 1. 상시 근로자 수가 10명 미만일 것
> 2. 업종별 상시 근로자 수 등이 대통령령으로 정하는 기준에 해당할 것
> ② 제1항을 적용할 때 소상공인이 그 규모의 확대 등으로 소상공인에 해당하지 아니하게 된 경우 그 사유가 발생한 연도의 다음 연도부터 3년간은 소상공인으로 본다. 다만, 소기업 외의 기업과 합병하거나 그 밖에 대통령령으로 정하는 사유로 소상공인에 해당하지 아니하게 된 경우에는 그러하지 아니하다.

- 「교육시설 등의 안전 및 유지관리 등에 관한 법률」 제2조 제1호에 따른 교육시설은 제외한다.

> ### 교육시설 등의 안전 및 유지관리 등에 관한 법률
> 제2조(정의) 이 법에서 사용하는 용어의 뜻은 다음과 같다.
> 1. "교육시설"이란 다음 각 목의 어느 하나에 해당하는 학교 등의 시설 및 설비를 말한다.
>   가. 「유아교육법」 제2조 제2호에 따른 유치원
>   나. 「초·중등교육법」 제2조에 따른 학교
>   다. 「고등교육법」 제2조에 따른 학교
>   라. 「평생교육법」 제31조 제2항 및 제4항에 따른 학력·학위가 인정되는 평생교육시설
>   마. 다른 법률에 따라 설치된 각급 학교(국방·치안 등의 사유로 정보공시가 어렵다고 대통령령으로 정하는 학교는 제외한다.)
>   바. 그 밖에 대통령령으로 정하는 교육 관련 시설

✓ 적용시설

■ 「중대재해 처벌 등에 관한 법률 시행령」[별표 2]
  법 제2조 제4호 가목의 시설 중 공중이용시설(제3조 제1호 관련)

1. 모든 지하역사(출입통로·대합실·승강장 및 환승통로와 이에 딸린 시설을 포함한다.)

2. 연면적 2천 제곱미터 이상인 지하도상가(지상건물에 딸린 지하층의 시설을 포함한다. 이하 같다.). 이 경우 연속되어 있는 둘 이상의 지하도상가의 연면적 합계가 2천 제곱미터 이상인 경우를 포함한다.

3. 철도역사의 시설 중 연면적 2천 제곱미터 이상인 대합실

4. 「여객자동차 운수사업법」제2조 제5호의 여객자동차터미널 중 연면적 2천 제곱미터 이상인 대합실

5. 「항만법」제2조 제5호의 항만시설 중 연면적 5천 제곱미터 이상인 대합실

6. 「공항시설법」제2조 제7호의 공항시설 중 연면적 1천5백 제곱미터 이상인 여객터미널

7. 「도서관법」제3조 제1호의 도서관 중 연면적 3천 제곱미터 이상인 것

8. 「박물관 및 미술관 진흥법」제2조 제1호 및 제2호의 박물관 및 미술관 중 연면적 3천 제곱미터 이상인 것

9. 「의료법」제3조 제2항의 의료기관 중 연면적 2천 제곱미터 이상이거나 병상 수 100개 이상인 것

10. 「노인복지법」제34조 제1항 제1호의 노인요양시설 중 연면적 1천 제곱미터 이상인 것

11. 「영유아보육법」제2조 제3호의 어린이집 중 연면적 430제곱미터 이상인것

12. 「어린이놀이시설 안전관리법」제2조 제2호의 어린이놀이시설 중 연면적 430제곱미터 이상인 실내 어린이놀이시설

13. 「유통산업발전법」제2조 제3호의 대규모점포. 다만, 「전통시장 및 상점가 육성을 위한 특별법」제2조 제1호의 전통시장은 제외한다.

14. 「장사 등에 관한 법률」 제29조에 따른 장례식장 중 지하에 위치한 시설로서 연면적 1천 제곱미터 이상인 것
15. 「전시산업발전법」 제2조 제4호의 전시시설 중 옥내시설로서 연면적 2천 제곱미터 이상인 것
16. 「건축법」 제2조 제2항 제14호의 업무시설 중 연면적 3천 제곱미터 이상인 것. 다만, 「건축법 시행령」 별표 1 제14호 나목 2)의 오피스텔은 제외한다.
17. 「건축법」 제2조 제2항에 따라 구분된 용도 중 둘 이상의 용도에 사용되는 건축물로서 연면적 2천 제곱미터 이상인 것. 다만, 「건축법 시행령」 별표 1 제2호의 공동주택 또는 같은 표 제14호 나목 2)의 오피스텔이 포함된 경우는 제외한다.
18. 「공연법」 제2조 제4호의 공연장 중 객석 수 1천석 이상인 실내공연장
19. 「체육시설의 설치·이용에 관한 법률」 제2조 제1호의 체육시설 중 관람석 수 1천석 이상인 실내 체육시설
비고: 둘 이상의 건축물로 이루어진 시설의 연면적은 개별 건축물의 연면적을 모두 합산한 면적으로 한다.

■ 「중대재해 처벌 등에 관한 법률 시행령」 [별표 3]
법 제2조 제4호 나목의 시설물 중 공중이용시설(제3조 제2호 관련)

1. 교량	
가. 도로교량	1) 상부구조형식이 현수교, 사장교, 아치교 및 트러스교인 교량 2) 최대 경간장 50미터 이상의 교량 3) 연장 100미터 이상의 교량 4) 폭 6미터 이상이고 연장 100미터 이상인 복개구조물
나. 철도교량	1) 고속철도 교량 2) 도시철도의 교량 및 고가교 3) 상부구조형식이 트러스교 및 아치교인 교량 4) 연장 100미터 이상의 교량

2. 터널	
가. 도로터널	1) 연장 1천미터 이상의 터널 2) 3차로 이상의 터널 3) 터널구간이 연장 100미터 이상인 지하차도 4) 고속국도, 일반국도, 특별시도 및 광역시도의 터널 5) 연장 300미터 이상의 지방도, 시도, 군도 및 구도의 터널
나. 철도터널	1) 고속철도 터널 2) 도시철도 터널 3) 연장 1천미터 이상의 터널 4) 특별시 또는 광역시에 있는 터널
3. 항만	
가. 방파제, 파제 제(波除堤) 및 호안(護岸)	1) 연장 500미터 이상의 방파제 2) 연장 500미터 이상의 파제제 3) 방파제 기능을 하는 연장 500미터 이상의 호안
나. 계류시설	1) 1만 톤급 이상의 원유부이식 계류시설(부대시설인 해저송유관을 포함한다.) 2) 1만 톤급 이상의 말뚝구조의 계류시설 3) 1만 톤급 이상의 중력식 계류시설
4. 댐	1) 다목적댐, 발전용댐, 홍수전용댐 2) 지방상수도전용댐 3) 총저수용량 1백만 톤 이상의 용수전용댐
5. 건축물	1) 고속철도, 도시철도 및 광역철도 역 시설 2) 16층 이상이거나 연면적 3만 제곱미터 이상의 건축물 3) 연면적 5천 제곱미터 이상(각 용도별 시설의 합계를 말한다.)의 문화·집회 시설, 종교시설, 판매시설, 운수시설 중 여객용 시설, 의료시설, 노유자시설, 수련시설, 운동시설, 숙박시설 중 관광숙박시설 및 관광휴게시설 * (제외: 1) 공동주택, 2) 주택과 주택 외의 시설을 동일 건축물로 건축한 건축물, 3) 오피스텔)

6. 하천	
가. 하구둑	1) 하구둑 2) 포용조수량 1천만 톤 이상의 방조제
나. 제방	국가하천의 제방[부속시설인 통관(通管) 및 호안(護岸)을 포함한다]
다. 보	국가하천에 설치된 다기능 보
7. 상하수도	
가. 상수도	1) 광역상수도 2) 공업용수도 3) 지방상수도
나. 하수도	공공하수처리시설 중 1일 최대처리용량 500톤 이상인 시설
8. 옹벽 및 절 토사면(깎 기비탈면)	1) 지면으로부터 노출된 높이가 5미터 이상인 부분의 합이 100미터 이상인 옹벽 2) 지면으로부터 연직(鉛直) 높이(옹벽이 있는 경우 옹벽상 단으로부터의 높이를 말한다.) 30미터 이상을 포함한 절 토부(땅깎기를 한 부분을 말한다.)로써 단일 수평연장 100미터 이상인 절토사면

비고

1. "도로"란 「도로법」 제10조의 도로를 말한다.
2. 교량의 "최대 경간장"이란 한 경간(徑間)에서 상부구조의 교각과 교각의 중 심선 간의 거리를 경간장으로 정의할 때, 교량의 경간장 중에서 최댓값을 말한다. 한 경간 교량에 대해서는 교량 양측 교대의 흉벽 사이를 교량 중 심선에 따라 측정한 거리를 말한다.
3. 교량의 "연장"이란 교량 양측 교대의 흉벽 사이를 교량 중심선에 따라 측 정한 거리를 말한다.
4. 도로교량의 "복개구조물"이란 하천 등을 복개하여 도로의 용도로 사용하 는 모든 구조물을 말한다.
5. 터널 및 지하차도의 "연장"이란 각 본체 구간과 하나의 구조로 연결된 구 간을 포함한 거리를 말한다.
6. "방파제, 파제제 및 호안"이란 「항만법」 제2조 제5호 가목 2)의 외곽시설을 말한다.
7. "계류시설"이란 「항만법」 제2조 제5호 가목 4)의 계류시설을 말한다.

8. "댐"이란 「저수지·댐의 안전관리 및 재해예방에 관한 법률」 제2조 제1호의 저수지·댐을 말한다.

9. 위 표 제4호의 지방상수도전용댐과 용수전용댐이 위 표 제7호 가목의 광역상수도·공업용수도 또는 지방상수도의 수원지시설에 해당하는 경우에는 위 표제7호의 상하수도시설로 본다.

10. 위 표의 건축물에는 그 부대시설인 옹벽과 절토사면을 포함하며, 건축설비, 소방설비, 승강기설비 및 전기설비는 포함하지 않는다.

11. 건축물의 연면적은 지하층을 포함한 동별로 계산한다. 다만, 2동 이상의 건축물이 하나의 구조로 연결된 경우와 둘 이상의 지하도상가가 연속되어 있는 경우에는 연면적의 합계로 한다.

12. 건축물의 층수에는 필로티나 그 밖에 이와 비슷한 구조로 된 층을 포함한다.

13. "건축물"은 「건축법 시행령」 별표 1에서 정한 용도별 분류를 따른다.

14. "운수시설 중 여객용 시설"이란 「건축법 시행령」 별표 1 제8호의 운수시설 중 여객자동차터미널, 일반철도역사, 공항청사, 항만여객터미널을 말한다.

15. "철도역 시설"이란 「철도의 건설 및 철도시설 유지관리에 관한 법률」 제2조 제6호 가목의 역 시설(물류시설은 제외한다.)을 말한다. 다만, 선하역사(시설이 선로 아래 설치되는 역사를 말한다.)의 선로구간은 연속되는 교량시설물에 포함하고, 지하역사의 선로구간은 연속되는 터널시설물에 포함한다.

16. 하천시설물이 행정구역 경계에 있는 경우 상위 행정구역에 위치한 것으로 한다.

17. "포용조수량"이란 최고 만조(滿潮) 시 간척지에 유입될 조수(潮水)의 양을 말한다.

18. "방조제"란 「공유수면 관리 및 매립에 관한 법률」 제37조, 「농어촌정비법」 제2조 제6호, 「방조제 관리법」 제2조 제1호 및 「산업입지 및 개발에 관한 법률」 제20조 제1항에 따라 설치한 방조제를 말한다.

19. 하천의 "통관"이란 제방을 관통하여 설치한 원형 단면의 문짝을 가진 구조물을 말한다.

20. 하천의 "다기능 보"란 용수 확보, 소수력 발전이나 도로(하천을 횡단하는 것으로 한정한다.) 등 두 가지 이상의 기능을 갖는 보를 말한다.

21. 위 표 제7호의 상하수도의 광역상수도, 공업용수도 및 지방상수도에는 수원지시설, 도수관로·송수관로(터널을 포함한다.) 및 취수시설을 포함하고, 정수장, 취수·가압펌프장, 배수지, 배수관로 및 급수시설은 제외한다.

법 제2조 제4호 다목

「다중이용업소의 안전관리에 관한 특별법」제2조 제1항 제1호에 따른 영업장 중 해당 영업에 사용하는 바닥면적(「건축법」제84조에 따라 산정한 면적을 말한다.)의 합계가 1천 제곱미터 이상인 것)

1. 「식품위생법 시행령」제21조 제8호에 따른 식품접객업 중 다음 각 목의 어느 하나에 해당하는 것

   가. 휴게음식점영업·제과점영업 또는 일반음식점영업으로서 영업장으로 사용하는 바닥면적(「건축법 시행령」제119조 제1항 제3호에 따라 산정한 면적을 말한다. 이하 같다.)의 합계가 100제곱미터(영업장이 지하층에 설치된 경우에는 그 영업장의 바닥면적 합계가 66제곱미터) 이상인 것. 다만, 영업장(내부계단으로 연결된 복층구조의 영업장을 제외한다.)이 다음의 어느 하나에 해당하는 층에 설치되고 그 영업장의 주된 출입구가 건축물 외부의 지면과 직접 연결되는 곳에서 하는 영업을 제외한다. 1) 지상 1층 2) 지상과 직접 접하는 층

   나. 단란주점영업과 유흥주점영업

1-2. 「식품위생법 시행령」제21조 제9호에 따른 공유주방 운영업 중 휴게음식점영업·제과점영업 또는 일반음식점영업에 사용되는 공유주방을 운영하는 영업으로서 영업장 바닥면적의 합계가 100제곱미터(영업장이 지하층에 설치된 경우에는 그 바닥면적 합계가 66제곱미터) 이상인 것. 다만, 영업장(내부계단으로 연결된 복층구조의 영업장은 제외한다.)이 다음 각목의 어느 하나에 해당하는 층에 설치되고 그 영업장의 주된 출입구가 건축물 외부의 지면과 직접 연결되는 곳에서 하는 영업은 제외한다.

   가. 지상 1층 / 나. 지상과 직접 접하는 층

2. 「영화 및 비디오물의 진흥에 관한 법률」제2조 제10호, 같은 조 제16호 가목·나목 및 라목에 따른 영화상영관·비디오물감상실업·비디오물소극장업 및 복합영상물제공업

3. 「학원의 설립·운영 및 과외교습에 관한 법률」제2조 제1호에 따른 학원(이하 "학원"이라 한다.)으로서 다음 각 목의 어느 하나에 해당하는것

   가. 「화재예방, 소방시설 설치·유지 및 안전관리에 관한 법률 시행령」별표 4에 따라 산정된 수용인원(이하 "수용인원"이라 한다.)이 300명 이상인 것

나. 수용인원 100명 이상 300명 미만으로서 다음의 어느 하나에 해당하는 것. 다만, 학원으로 사용하는 부분과 다른 용도로 사용하는 부분(학원의 운영권자를 달리하는 학원과 학원을 포함한다.)이 「건축법 시행령」 제46조에 따른 방화구획으로 나누어진 경우는 제외한다. (1) 하나의 건축물에 학원과 기숙사가 함께 있는 학원 (2) 하나의 건축물에 학원이 둘 이상 있는 경우로서 학원의 수용인원이 300명 이상인 학원 (3) 하나의 건축물에 제1호, 제2호, 제4호부터 제7호까지, 제7호의 2부터 제7호의 5까지 및 제8호의 다중이용업 중 어느 하나 이상의 다중이용업과 학원이 함께 있는 경우

4. 목욕장업으로서 다음 각 목에 해당하는 것

가. 하나의 영업장에서 「공중위생관리법」 제2조 제1항 제3호 가목에 따른 목욕장업 중 맥반석·황토·옥 등을 직접 또는 간접 가열하여 발생하는 열기나 원적외선 등을 이용하여 땀을 배출하게 할 수 있는 시설 및 설비를 갖춘 것으로서 수용인원(물로 목욕할 수 있는 시설 부분의 수용인원은 제외한다.)이 100명 이상인 것

나. 「공중위생관리법」 제2조 제1항 제3호 나목의 시설 및 설비를 갖춘 목욕장업

5. 「게임산업진흥에 관한 법률」 제2조 제6호·제6호의2·제7호 및 제8호의 게임제공업·인터넷컴퓨터게임시설제공업 및 복합유통게임제공업. 다만, 게임제공업 및 인터넷컴퓨터게임시설제공업의 경우에는 영업장(내부계단으로 연결된 복층구조의 영업장은 제외한다.)이 다음 각 목의 어느 하나에 해당하는 층에 설치되고 그 영업장의 주된 출입구가 건축물 외부의 지면과 직접 연결된 구조에 해당하는 경우는 제외한다.

가. 지상 1층

나. 지상과 직접 접하는 층

6. 「음악산업진흥에 관한 법률」 제2조 제13호에 따른 노래연습장업

7. 「모자보건법」 제2조 제10호에 따른 산후조리업

7-2. 고시원업[구획된 실(室) 안에 학습자가 공부할 수 있는 시설을 갖추고 숙박 또는 숙식을 제공하는 형태의 영업]

7-3. 「사격 및 사격장 안전관리에 관한 법률 시행령」 제2조 제1항 및 별표 1에 따른 권총사격장(실내사격장에 한정하며, 같은 조 제1항에 따른 종합사격장에 설치된 경우를 포함한다.)

7-4. 「체육시설의 설치·이용에 관한 법률」 제10조 제1항 제2호에 따른 가상체험 체육시설업(실내에 1개 이상의 별도의 구획된 실을 만들어 골프 종목의 운동이 가능한 시설을 경영하는 영업으로 한정한다.)

7-5. 「의료법」 제82조 제4항에 따른 안마시술소

8. 법 제15조 제2항에 따른 화재위험평가결과 위험유발지수가 제11조 제1항에 해당하거나 화재 발생 시 인명피해가 발생할 우려가 높은 불특정다수인이 출입하는 영업으로서 행정안전부령으로 정하는 영업. 이 경우 소방청장은 관계 중앙행정기관의 장과 미리 협의하여야 한다.

「중대재해 처벌 등에 관한 법률 시행령」 제3조 제4호

법 제2조 제4호 라목의 시설 중 다음 각 목의 시설(제2호의 시설물은 제외한다.)

가. 「도로법」 제10조 각 호의 도로에 설치된 연장 20미터 이상인 도로교량 중 준공 후 10년이 지난 도로교량

나. 「도로법」 제10조 제4호부터 제7호까지에서 정한 지방도·시도·군도·구도의 도로터널과 「농어촌도로 정비법 시행령」 제2조 제1호의 터널 중 준공 후 10년이 지난 도로터널

다. 「철도산업발전기본법」 제3조 제2호의 철도시설 중 준공 후 10년이 지난 철도교량

라. 「철도산업발전기본법」 제3조 제2호의 철도시설 중 준공 후 10년이 지난 철도터널(특별시 및 광역시 외의 지역에 있는 철도터널로 한정한다.)

마. 다음의 시설 중 개별 사업장 면적이 2천 제곱미터 이상인 시설
  1) 「석유 및 석유대체연료 사업법 시행령」 제2조 제3호의 주유소
  2) 「액화석유가스의 안전관리 및 사업법」 제2조 제4호의 액화석유가스 충전사업의 사업소

바. 「관광진흥법 시행령」 제2조 제1항 제5호 가목의 종합유원시설업의 시설 중 같은 법 제33조 제1항에 따른 안전성검사 대상인 유기시설 또는 유기기구

Q 89	이 법이 적용되는 '공중교통수단'이란?

A 이 법이 적용되는 '공중교통수단'이란 불특정다수인이 이용하는 도시철도차량, 철도차량 중 동력차·객차, 노선여객 승합차, 여객선, 항공기 등을 말한다.

✓ 이 법에서 '공중교통수단'의 분류 내용은 다음의 표와 같다.

분 류	세부 대상
도시철도차량 「도시철도법」 제2조 제2호	도시교통의 원활한 소통을 위하여 도시교통권역에서 건설·운영하는 철도, 모노레일, 노면전차, 선형유도전동기, 자기부상열차 등 궤도에 의한 교통시설 및 교통수단
철도차량 「철도산업발전기본법」 제3조 제4호	선로를 운행할 목적으로 제작된 동력차·객차·화차 및 특수차를 말한다. (전용철도 제외)
시외버스 「여객자동차운수사업법시행령」 제3조 제1호 라목	운행계통을 정하고 중·대형 승합자동차를 사용하여 여객을 운송하는 사업으로, 시외우등고속버스, 시외고속버스, 시외고급고속버스, 시외우등직행버스, 시외직행버스, 시외고급직행버스, 시외우등일반버스, 시외일반버스 등이 해당
여객선 「해운법」 제2조 제1호의 2	1. 여객 전용 여객선: 2. 여객 및 화물 겸용 여객선: 일반카페리 여객선, 쾌속카페리 여객선, 차도선(車渡船)형 여객선 *'여객선'이라 함은 13인 이상의 여객을 운송할 수 있는 선박을 말한다.
운송용항공기 「항공사업법」 제2조 제7호	"항공기"란 비행기, 헬리콥터, 비행선, 활공기(滑空機) 등 * 국내항공운송사업, 국제항공운송사업, 소형항공운송사업

Q 90	공중이용시설·공중교통수단 관련 안전보건 관리체계 구축 및 이행에 관한 조치란?
A	조치의 구체적인 사항은 다음과 같다.

✓ 필요한 인력을 갖추어 중대시민재해 예방을 위한 업무를 수행하도록 할 것
  • 안전보건 관계 법령에 따른 안전관리 업무의 수행
  • 수립된 안전계획의 이행
  • 국토교통부 장관이 정하여 고시하는 사항

✓ 필요한 예산을 편성·집행할 것
  • 안전보건 관계 법령에 따른 인력·시설 및 장비 등의 확보·유지와 안전점검 등의 실시
  • 수립된 안전계획의 이행
  • 국토교통부 장관이 정하여 고시하는 사항

✓ 공중이용시설 또는 공중교통수단에 대한 안전보건 관계 법령에 따른 안전점검 등을 계획하여 수행되도록 할 것

✓ 공중이용시설 또는 공중교통수단에 대해 연 1회 이상 다음의 내용이 포함된 안전계획을 수립하게 하고, 충실히 이행하도록 할 것. 다만, 공중이용시설에 대해 「시설물의 안전 및 유지관리에 관한 특별법」 제6조에 따라 시설물에 대한 안전 및 유지관리계획을 수립·시행하거나 공중이용시설 또는 공중교통수단에 대해 철도운영자가 「철도안전법」 제6조에 따라 연차별 시행계획을 수립·추진하는 경우로서 사업주 또는 경영책임자등이 그 수립 여부 및 내용을 직접 확인하거나 보고받은 경우에는 안전계획을 수립하여 이행한 것으로 본다.

- 공중이용시설 또는 공중교통수단의 안전과 유지관리를 위한 인력의 확보에 관한 사항
- 공중이용시설의 안전점검 또는 정밀안전진단의 실시와 공중교통수단의 점검·정비(점검·정비에 필요한 장비를 확보하는 것을 포함한다.)에 관한 사항
- 공중이용시설 또는 공중교통수단의 보수·보강 등 유지관리에 관한 사항

✓ 위의 사항을 반기에 1회 이상 점검하고, 직접 점검하지 않은 경우에는 점검이 끝난 후 지체없이 점검 결과를 보고받을 것

✓ 점검 또는 보고 결과에 따라 인력을 배치하거나 예산을 추가로 편성·집행하도록 하는 등 중대시민재해 예방에 필요한 조치를 할 것

✓ 중대시민재해 예방을 위해 업무처리절차를 마련하여 이행할 것. 다만, 철도운영자가 「철도안전법」 제7조에 따라 비상대응계획을 포함한 철도안전 관리체계를 수립하여 시행하거나 항공운송사업자가 「항공안전법」 제58조 제2항에 따라 위기대응계획을 포함한 항공안전관리 시스템을 마련하여 운용한 경우로서 사업주 또는 경영책임자등이 그 수립 여부 및 내용을 직접 점검하거나 점검 결과를 보고받은 경우에는 업무처리절차를 마련하여 이행한 것으로 본다.

• 공중이용시설 또는 공중교통수단의 유해·위험요인의 확인·점검에 관한 사항

• 공중이용시설 또는 공중교통수단의 유해·위험요인을 발견한 경우 해당 사항의 신고·조치요구, 이용 제한, 보수·보강 등 그 개선에 관한 사항

• 중대시민재해가 발생한 경우 사상자 등에 대한 긴급구호조치, 공중이용시설 또는 공중교통수단에 대한 긴급안전점검, 위험표지 설치 등 추가 피해방지 조치, 관계 행정기관 등에 관한 신고와 원인 조사에 따른 개선조치에 관한 사항

• 공중교통수단 또는 「시설물의 안전 및 유지관리에 관한 특별법」 제7조 제1호의 제1종 시설물에서 비상상황이나 위급상황 발생 시 대피훈련에 관한 사항

✓ 제3자에게 공중이용시설 또는 공중교통수단의 운영·관리 업무의 도급, 용역, 위탁 등을 하는 경우 공중이용시설 또는 공중교통수단과 그 이용자나 그 밖의 사람의 안전을 확보하기 위해 다음 각 목에 따른 기준과 절차를 마련하고, 그 기준과 절차에 따라 도급, 용역, 위탁 등이 이루어지는 지를 연 1회 이상 점검하고, 직접 점검하지 않은 경우에는 점검이 끝난 후 지체 없이 점검 결과를 보고받을 것

- 중대시민재해 예방을 위한 조치 능력 및 안전관리능력에 관한 평가 기준·절차
- 도급, 용역, 위탁 등의 업무수행 시 중대시민재해 예방을 위해 필요한 비용에 관한 기준

Q 91	공중이용시설·공중교통수단 관련 안전보건 관계 법령에 따른 의무이행에 필요한 관리상의 조치란?
A	안전보건 관계 법령에 따른 의무이행 또는 종사자의 의무교육 이수를 연 1회 이상 점검 또는 점검 결과를 보고받고, 불이행된 의무이행 또는 미실시된 교육에 대해서 필요한 조치를 하는 것을 말한다.

✓ '안전보건 관계 법령'이란 해당 공중이용시설·공중교통수단에 적용되는 것으로써 이용자나 그 밖의 사람의 안전보건을 확보하는 데 관련되는 법령을 말한다.

✓ 구체적인 조치사항은 다음과 같다.

- 안전보건 관계 법령에 따른 의무를 이행했는지를 연 1회 이상 점검 또는 점검 결과를 보고받고, 의무가 이행되지 않은 사실이 확인되면 인력을 배치하거나 예산을 추가로 편성·집행하도록 하는 등 해당 의무이행에 필요한 조치를 할 것
- 안전보건 관계 법령에 따라 공중이용시설의 안전을 관리하는 자나 공중교통수단의 시설 및 설비를 정비·점검하는 종사자가 의무적으로 이수해야 하는 교육을 이수했는지를 연1회 이상 점검 또는 보고받고, 실시되지 않은 교육에 대해서는 지체없이 그 이행의 지시 등 교육실시에 필요한 조치를 할 것

Q 92	공중이용시설과 공중교통시설 관련 안전보건 법령이란?
A	공중이용시설과 공중교통시설 관련 안전보건 관계 법령은 해당 공중이용시설·공중교통수단에 적용되는 것으로서 이용자나 그 밖의 사람의 안전보건을 확보하는 데 관련되는 법령을 말하는 것으로 다음과 같다.

✓ 공중이용시설과 공중교통시설 관련 안전보건 관련 법령

- 공중이용시설 또는 공중교통수단의 안전 확보를 목적으로 하는 법률
- 대상을 이용하는 국민의 안전을 위해 의무를 부과하는 법률
- 공중이용시설 및 공중교통수단을 구성하는 구조체, 시설, 설비, 부품 등의 안전에 대하여 안전점검, 보수·보강 등을 규정하는 법률
- 이용자의 안전을 위해 관리자, 종사자가 관련 교육을 이수토록 규정하는 법률

✓ 공중이용시설 대상별 안전보건 관련 법령

- 도로시설(도로교량과 도로터널): 시설물안전법
- 철도시설(철도교량과 철도터널): 시설물안전법, 철도건설법, 철도안전법
- 철도역사와 대합실 등: 시설물안전법, 건축물관리법
- 공항시설(여객터미널): 시설물안전법, 건축물관리법
- 항만시설(방파제, 파제제, 호안): 시설물안전법, 항만법
- 댐시설: 시설물안전법, 댐건설관리법, 저수지댐법

- 건축물: 시설물안전법, 건축물관리법, 초고층재난관리법
- 하천시설(하구둑, 제방, 보): 시설물안전법, 하천법
- 상하수도시설: 시설물안전법, 수도법, 하수도법
- 옹벽 및 절도사면: 시설물안전법

✓ 공중교통수단 대상별 안전보건 관련 법령
- 철도 분야(도시철도차량, 철도차량): 철도안전법
- 버스(시외버스): 교통안전법, 여객자동차운수사업법, 자동차 관리법
- 여객선: 해운법 등
- 항공분야(운송용항공기): 항공안전법

Q 93	원료나 제조물 관련 중대시민재해가 발생하면 사업주 등이 취해야 할 조치는?
A	원료나 제조물 관련 중대시민재해가 발생하면 사업주 등이 취해야 할 조치는, 긴급조치의무, 신고의무, 협조의무가 있다.

✓ 긴급조치의무

- 사업주 등은 먼저 위해 방지에 필요한 응급조치를 실시하고
- 생산·제조 사업자는 취급시설의 가동을 중단해야 하며,
- 판매·유통업자는 즉시 해당 원료·제조물의 판매 및 유통을 중지하고
- 이미 판매되거나 유통된 원료·제조물을 회수하고 폐기하는 등의 조처를 해야 한다.

✓ 신고의무

- 생산, 제조, 판매, 유통업자는 사고 발생 즉시 관할 지방자치단체, 지방환경관서, 국가경찰관서, 소방관서 등에 그 사실을 신고해야 한다.
- 신고내용에는 다음의 사항이 포함되어야 한다.
  » 사고 발생 시간 및 장소
  » 사고내용 및 사고원인
  » 사고 피해현황
  » 신고자 및 사업장 책임자 연락처 (성명, 전화번호)

- 화재현장 또는 구조·구급이 필요한 사고현장을 발견한 사람은 그 현장의 상황을 소방서 등(119)에 지체 없이 알려야 한다(소방기본법 제19조).

✓ 협조의무
- 원료·제조물의 생산·제조·판매·유통업자는 다음 상황에 대해서 그 내용을 알 수 있거나 유관기관이 상황확인을 요청하는 경우 이에 응해야 한다.
  » 사고원인의 원료·제조물의 확산 현황
  » 사고 현장의 응급조치 현황
  » 근로자 및 지역 주민의 대피 현황 등

	Q 94	중대시민재해가 발생하면 사업주 또는 경영책임자등은 어떤 처벌을 받는가?

A 중대시민재해 유형에 따라 사업주 또는 경영책임자등은 징역형과 벌금형을 병과하여 처벌될 수 있다.

✓ 특정 원료 또는 제조물, 공중이용시설 또는 공중교통수단의 설계, 제조, 설치, 관리상의 결함을 원인으로 한 중대시민재해가 사업주 또는 경영책임자등이 안전보건 확보의무를 위반하여 발생하였다면 다음과 같은 처벌을 받는다.

중대시민 재해유형	– 사망자가 1명 이상 발생	– 동일한 사고로 2개월 이상 치료가 필요한 부상자가 10명 이상 발생 – 동일한 원인으로 3개월 이상 치료가 필요한 질병자가 10명 이상 발생
처벌 기준	– 1년 이상의 징역 또는 10억 원 이하의 벌금 – 징역형과 벌금형을 병과할수 있다	– 7년 이하의 징역 또는 1억 원 이하의 벌금
양벌규정 (법인 또는 기관) 개인사업주 제외	– 50억 원 이하의 벌금	– 10억 원 이하의 벌금
	– 위반행위를 방지하기 위하여 해당 업무에 상당한 주의와 감독을 게을리하지 않은 경우 면책 가능	

✓ 벌칙을 받는 자는 사업주 또는 경영책임자등이다.

Q 95 중대시민재해가 발생하면 법인이나 기관도 처벌받는가?

A 법인 또는 기관의 경영책임자등이 그 법인 또는 기관의 업무에 관하여 중대시민재해를 발생시켜 처벌받을 때 경영책임자등을 벌하는 외에 그 법인 또는 기관에 벌금형을 과한다.

✓ 중대시민재해가 발생하면 법인 또는 기관의 경영책임자등이 처벌받는 것으로 그치는 것이 아니라 그 법인 또는 기관에도 벌금형의 형사벌로 처벌한다.

✓ 법인 또는 기관이 그 위반행위를 방지하기 위하여 해당 업무에 관하여 상당한 주의와 감독을 게을리하지 아니한 경우에는 처벌하지 않는다.

✓ 법인이나 기관에 대한 처벌 기준
  • 사망자가 발생한 중대시민재해의 경우에는 50억원 이하의 벌금
  • 동일한 사고로 2개월 이상 치료가 필요한 부상자가 10명 이상 발생 또는 동일한 원인으로 3개월 이상 치료가 필요한 질병자가 10명 이상 발생한 중대시민재해의 경우에는 10억 원 이하의 벌금

✓ 법인과 기관에 적용되며, 개인사업주는 이미 징역 또는 벌금형의 처벌을 받았으므로 제외된다.

A　징벌적 손해배상은 중대산업재해는 물론 중대시민재해에도 적용된다.

✓ 이 규정은 중대산업재해와 중대시민재해에 공통적으로 적용된다.

✓ 이 규정은 사업주 또는 경영책임자의 고의 또는 중대한 과실에 대한 배상책임 규정이다.

✓ 징벌적 손해배상이란, 실제 입은 전보손해보다 큰 배상을 하여 부정·부당한 행위에 대하여 제재를 가하는 것으로 중대재해처벌법에서는 그 손해액의 5배 범위 이내에서 배상하도록 규정하고 있다.

✓ 징벌적 손해배상액을 정할 때 고려사항
  • 고의 또는 중대한 과실의 정도
  • 이 법에서 정한 의무위반행위의 종류 및 내용
  • 이 법에서 정한 의무위반행위로 인하여 발생한 피해의 규모
  • 이 법에서 정한 의무위반행위로 인하여 사업주나 법인 또는 기관이 취득한 경제적 이익

- 이 법에서 정한 의무위반행위의 기간·횟수 등
- 사업주나 법인 또는 기관의 재산상태
- 사업주나 법인 또는 기관의 피해구제 및 재발 방지 노력의 정도

✓ 그러나 법인 또는 기관이 해당 업무에 관하여 상당한 주의와 감독을 게을리하지 아니한 경우에는 징벌적 손해배상액을 적용하지 아니하지만, 개인사업주에게는 면책 규정이 없다.

제5장
보칙

Q 97	왜 중대산업재해 발생 사실을 공표하는가?
A	경영책임자등이 이 법에 따른 안전보건 확보의무를 위반하여 발생시킨 중대산업재해를 공표함으로써 경영책임자의 명예나 신용을 압박하여 이후에라도 종사자에 대한 안전보건 확보의무를 이행하도록 간접적으로 강제하려는 것이다.

✓ 형 확정 사실의 통보

- 범죄의 형이 확정되면 법무부 장관은 그 범죄사실을 관계 행정기관의 장에게 통보한다.
- 중대산업재해: 고용노동부 장관에게 통보한다.
- 중대시민재해(원료·제조물): 환경부 장관에게 통보한다.
- 중대시민재해(공중이용시설·공중교통수단): 국토교통부 장관에게 통보한다.

✓ 공표는 중대산업재해만 해당하며, 중대시민재해는 적용하지 않는다.

✓ 공표내용

- '중대산업재해 발생 사실의 공표'라는 공표의 제목
- 해당 사업장의 명칭
- 중대산업재해가 발생한 일시 장소
- 중대산업재해를 입은 사람의 수
- 중대산업재해의 내용과 그 원인(사업주 또는 경영책임자등의 위반 사항을 포함)
- 해당 사업장에서 최근 5년 내 중대산업재해의 발생 여부

- ✓ 공표절차
  - 고용노동부 장관은 공표하기 전에 해당 사업장의 사업주 또는 경영책임자등에게 공표하려는 내용을 통지하고
  - 30일 이상의 기간을 정하여 그에 대해 소명 자료를 제출하게 하거나 의견을 진술할 수 있는 기회를 주어야 한다.

- ✓ 공표방법
  - 관보, 고용노동부나 한국산업안전보건공단의 홈페이지에 게시한다.
  - 공표 기간은 1년이다.

Q 98	법원은 이 법 위반 여부에 관한 형사재판에서 직권으로 피해자 또는 그 법정대리인을 증인으로 신문할 수 있는가?
A	법원은 중대산업재해와 중대시민재해에 관한 형사재판에서 직권으로 피해자 또는 그 법정대리인을 증인으로 신문할 수 있다.

✓ 일반 형사소송 절차에서 피해자 또는 그 법정대리인이 공판절차에서 증인으로 진술하려면 미리 법원에 신청하여야 한다.

✓ 그러나 중대재해처벌법은 이 법 위반 여부에 관한 형사재판에서 법원은 직권으로 「형사소송법」 제294조의2에 따라 피해자 또는 그 법정대리인(피해자가 사망하거나 진술할 수 없는 경우에는 그 배우자·직계친족·형제자매를 포함한다.)을 증인으로 신문할 수 있다.

✓ 이 법 위반 여부에 관한 형사재판에서 법원은 검사, 피고인 또는 변호인의 신청이 있는 경우 특별한 사정이 없으면 해당 분야의 전문가를 전문심리위원으로 지정하여 소송절차에 참여하게 하여야 한다.

✓ 이 규정은 중대산업재해와 중대시민재해에 공통적으로 적용된다.

| A | 사업주 또는 경영책임자등은 안전보건 관리체계의 구축 및 이행·조치에 관한 사항, 안전보건 관계 법령의 의무이행에 필요한 관리상의 조치 등의 이행에 관한 사항을 서면(전자문서를 포함함)으로 작성하여 5년간 보관해야 한다. |

✓ 보관서류: 안전보건 관리체계의 구축 및 이행·조치에 관한 사항, 안전보건 관계 법령의 의무이행에 필요한 관리상의 조치 등의 이행에 관한 사항의 서면(전자문서를 포함).

✓ 보관기간: 서면으로 작성하여 그 조치 등을 이행한 날로부터 5년간 보관해야 한다.

✓ 소상공인기본법 제2조 제1항에 따른 소상공인은 서면 보관 의무가 없다.

- '소상공인'이란 중소기업기본법 제2조 제2항, 같은 법 시행령 제8조 제1항에 따른 소기업 중 상시 근로자 수가 광업, 제조업, 건설업 및 운수업은 10명 미만, 그 외 업종은 5명 미만인 경우를 말한다.

　》 '소기업'이란 중소기업 중 해당 기업이 영위하는 주된 업종별 평균매출액 등이 업종에 따라 10억 원~120억 원 미만인 기업을 말한다.

　》 여기에서 '상시근로자 수'는 근로기준법의 산정 기준과는 달리, 임원, 일용근로자, 3개월 이내 계약직, 연구 전담요원, 단시간근로자는 제외한다.

✓ 이 규정 위반에 대한 처벌 규정은 없다.

Q 100	중대산업재해 예방을 위하여 정부의 지원은 없는가?
A	정부는 중대재해를 예방하고 시민과 종사자의 안전과 건강을 확보하기 위하여 중대재해의 종합적인 예방대책의 수립·시행과 발생원인 분석 등을 이행하고, 중대재해 예방사업에 소요되는 비용의 전부 또는 일부를 예산의 범위에서 지원할 수 있다.

✓ 정부의 중대재해 예방을 위한 조치
- 중대재해의 종합적인 예방대책의 수립·시행과 발생원인 분석
- 사업주, 법인 및 기관의 안전보건 관리체계 구축을 위한 지원
- 사업주, 법인 및 기관의 중대재해 예방을 위한 기술 지원 및 지도
- 이 법 목적 달성을 위한 교육 및 홍보의 시행

✓ 정부의 사업주 등에 대한 지원
- 정부는 사업주, 법인 및 기관에 대하여 유해·위험 시설의 개선과 보호 장비의 구매, 종사자 건강진단 및 관리 등 중대재해 예방사업에 소요되는 비용의 전부 또는 일부를 예산의 범위에서 지원할 수 있다.

✓ 정부는 반기별로 국회(소관 상임위원회)에 다음 사항을 보고해야 한다.
- 중대재해 예방을 위한 조치 이행 등 상황
- 중대재해 예방사업 지원 현황

✓ 이 규정은 중대산업재해와 중대시민재해에 공통적으로 적용된다.

부록

1. 중대재해처벌법령

중대재해 처벌 등에 관한 법률 [법률 제17907호, 2021. 1. 26., 제정]	중대재해처벌 등에 관한 법률 시행령 [대통령령 제32020호, 2021. 10. 5., 제정]
총칙	

제1조(목적) 이 법은 사업 또는 사업장, 공중이용시설 및 공중교통수단을 운영하거나 인체에 해로운 원료나 제조물을 취급하면서 안전·보건 조치의무를 위반하여 인명피해를 발생하게 한 사업주, 경영책임자, 공무원 및 법인의 처벌 등을 규정함으로써 중대재해를 예방하고 시민과 종사자의 생명과 신체를 보호함을 목적으로 한다.

제2조(정의) 이 법에서 사용하는 용어의 뜻은 다음과 같다.
1. "중대재해"란 "중대산업재해"와 "중대시민재해"를 말한다.
2. "중대산업재해"란 「산업안전보건법」 제2조 제1호에 따른 산업재해 중 다음 각 목의 어느 하나에 해당하는 결과를 야기한 재해를 말한다.
가. 사망자가 1명 이상 발생
나. 동일한 사고로 6개월 이상 치료가 필요한 부상자가 2명 이상 발생
다. 동일한 유해요인으로 급성중독 등 대통령령으로 정하는 직업성 질병자가 1년 이내에 3명 이상 발생
3. "중대시민재해"란 특정 원료 또는 제조물, 공중이용시설 또는 공중교통수단의 설계, 제조, 설치, 관리상의 결함을 원인으로 하여 발생한 재해로서 다음 각 목의 어느 하나에 해당하는 결과를 야기한 재해를 말한다. 다만, 중대산업재해에 해당하는 재해는 제외한다.

제2조(직업성 질병자) 「중대재해 처벌 등에 관한 법률」(이하 "법"이라 한다.) 제2조 제2호 다목에서 "대통령령으로 정하는 직업성 질병자"란 별표 1에서 정하는 직업성 질병에 걸린 사람을 말한다.

제3조(공중이용시설) 법 제2조 제4호 각 목 외의 부분 본문에서 "대통령령으로 정하는 시설"이란 다음 각 호의 시설을 말한다.
1. 법 제2조 제4호 가목의 시설 중 별표 2에서 정하는 시설
2. 법 제2조 제4호 나목의 시설물 중 별표 3에서 정하는 시설물. 다만, 다음 각 목의 건축물은 제외한다.
가. 주택과 주택 외의 시설을 동일 건축물로 건축한 건축물
나. 건축물의 주용도가 「건축법 시행령」 별표 1 제14호 나목 2)의 오피스텔인 건축물
3. 법 제2조 제4호 다목의 영업장
4. 법 제2조 제4호 라목의 시설 중 다음 각 목의 시설(제2호의 시설물은 제외한다.)

가. 사망자가 1명 이상 발생

나. 동일한 사고로 2개월 이상 치료가 필요한 부상자가 10명 이상 발생

다. 동일한 원인으로 3개월 이상 치료가 필요한 질병자가 10명 이상 발생

4. "공중이용시설"이란 다음 각 목의 시설 중 시설의 규모나 면적 등을 고려하여 대통령령으로 정하는 시설을 말한다. 다만, 「소상공인 보호 및 지원에 관한 법률」 제2조에 따른 소상공인의 사업 또는 사업장 및 이에 준하는 비영리시설과 「교육시설 등의 안전 및 유지관리 등에 관한 법률」 제2조 제1호에 따른 교육시설은 제외한다.

가. 「실내공기질 관리법」 제3조 제1항의 시설(「다중이용업소의 안전관리에 관한 특별법」 제2조 제1항 제1호에 따른 영업장은 제외한다.)

나. 「시설물의 안전 및 유지관리에 관한 특별법」 제2조 제1호의 시설물(공동주택은 제외한다.)

다. 「다중이용업소의 안전관리에 관한 특별법」 제2조 제1항 제1호에 따른 영업장 중 해당 영업에 사용하는 바닥면적(「건축법」 제84조에 따라 산정한 면적을 말한다.)의 합계가 1천제곱미터 이상인 것

라. 그 밖에 가목부터 다목까지에 준하는 시설로서 재해 발생 시 생명·신체상의 피해가 발생할 우려가 높은 장소

5. "공중교통수단"이란 불특정다수인이 이용하는 다음 각 목의 어느 하나에 해당하는 시설을 말한다.

가. 「도로법」 제10조 각 호의 도로에 설치된 연장 20미터 이상인 도로교량 중 준공 후 10년이 지난 도로교량

나. 「도로법」 제10조 제4호부터 제7호까지에서 정한 지방도·시도·군도·구도의 도로터널과 「농어촌도로 정비법 시행령」 제2조 제1호의 터널 중 준공 후 10년이 지난 도로터널

다. 「철도산업발전기본법」 제3조 제2호의 철도시설 중 준공 후 10년이 지난 철도교량

라. 「철도산업발전기본법」 제3조 제2호의 철도시설 중 준공 후 10년이 지난 철도터널(특별시 및 광역시 외의 지역에 있는 철도터널로 한정한다.)

마. 다음의 시설 중 개별 사업장 면적이 2천제곱미터 이상인 시설

1) 「석유 및 석유대체연료 사업법 시행령」 제2조 제3호의 주유소

2) 「액화석유가스의 안전관리 및 사업법」 제2조 제4호의 액화석유가스 충전사업의 사업소

바. 「관광진흥법 시행령」 제2조 제1항 제5호 가목의 종합유원시설업의 시설 중 같은 법 제33조 제1항에 따른 안전성검사 대상인 유기시설 또는 유기기구

가. 「도시철도법」 제2조 제2호에 따른 도시철도의 운행에 사용되는 도시철도차량

나. 「철도산업발전기본법」 제3조 제4호에 따른 철도차량 중 동력차·객차(「철도사업법」 제2조 제5호에 따른 전용철도에 사용되는 경우는 제외한다.)

다. 「여객자동차 운수사업법 시행령」 제3조 제1호 라목에 따른 노선 여객자동차운송사업에 사용되는 승합자동차

라. 「해운법」 제2조 제1호의 2의 여객선

마. 「항공사업법」 제2조 제7호에 따른 항공운송사업에 사용되는 항공기

6. "제조물"이란 제조되거나 가공된 동산(다른 동산이나 부동산의 일부를 구성하는 경우를 포함한다.)을 말한다.

7. "종사자"란 다음 각 목의 어느 하나에 해당하는 자를 말한다.

가. 「근로기준법」상의 근로자

나. 도급, 용역, 위탁 등 계약의 형식에 관계없이 그 사업의 수행을 위하여 대가를 목적으로 노무를 제공하는 자

다. 사업이 여러 차례의 도급에 따라 행하여지는 경우에는 각 단계의 수급인 및 수급인과 가목 또는 나목의 관계가 있는 자

8. "사업주"란 자신의 사업을 영위하는 자, 타인의 노무를 제공받아 사업을 하는 자를 말한다.

9. "경영책임자등"이란 다음 각 목의 어느 하나에 해당하는 자를 말한다.

가. 사업을 대표하고 사업을 총괄하는 권한과 책임이 있는 사람 또는 이에 준하여 안전보건에 관한 업무를 담당하는 사람

나. 중앙행정기관의 장, 지방자치단체의 장, 「지방공기업법」에 따른 지방공기업의 장, 「공공기관의 운영에 관한 법률」 제4조부터 제6조까지의 규정에 따라 지정된 공공기관의 장

제2장 중대산업재해

제3조(적용범위) 상시 근로자가 5명 미만인 사업 또는 사업장의 사업주(개인사업주에 한정한다. 이하 같다.) 또는 경영책임자등에게는 이 장의 규정을 적용하지 아니한다.

제4조(사업주와 경영책임자등의 안전 및 보건 확보의무) ① 사업주 또는 경영책임자등은 사업주나 법인 또는 기관이 실질적으로 지배·운영·관리하는 사업 또는 사업장에서 종사자의 안전·보건상 유해 또는 위험을 방지하기 위하여 그 사업 또는 사업장의 특성 및 규모 등을 고려하여 다음 각 호에 따른 조치를 하여야 한다.
1. 재해예방에 필요한 인력 및 예산 등 안전보건관리체계의 구축 및 그 이행에 관한 조치
2. 재해 발생 시 재발방지 대책의 수립 및 그 이행에 관한 조치
3. 중앙행정기관·지방자치단체가 관계 법령에 따라 개선, 시정 등을 명한 사항의 이행에 관한 조치
4. 안전·보건 관계 법령에 따른 의무이행에 필요한 관리상의 조치
② 제1항 제1호·제4호의 조치에 관한 구체적인 사항은 대통령령으로 정한다.

제4조(안전보건관리체계의 구축 및 이행 조치) 법 제4조 제1항 제1호에 따른 조치의 구체적인 사항은 다음 각 호와 같다.
1. 사업 또는 사업장의 안전·보건에 관한 목표와 경영방침을 설정할 것
2. 「산업안전보건법」 제17조부터 제19조까지 및 제22조에 따라 두어야 하는 인력이 총 3명 이상이고 다음 각 목의 어느 하나에 해당하는 사업 또는 사업장인 경우에는 안전·보건에 관한 업무를 총괄·관리하는 전담 조직을 둘 것. 이 경우 나목에 해당하지 않던 건설사업자가 나목에 해당하게 된 경우에는 공시한 연도의 다음 연도 1월 1일까지 해당 조직을 두어야 한다.
가. 상시근로자 수가 500명 이상인 사업 또는 사업장
나. 「건설산업기본법」 제8조 및 같은 법 시행령 별표 1에 따른 토목건축공사업에 대해 같은 법 제23조에 따라 평가하여 공시된 시공능력의 순위가 상위 200위 이내인 건설사업자

3. 사업 또는 사업장의 특성에 따른 유해·위험요인을 확인하여 개선하는 업무절차를 마련하고, 해당 업무절차에 따라 유해·위험요인의 확인 및 개선이 이루어지는지를 반기 1회 이상 점검한 후 필요한 조치를 할 것. 다만, 「산업안전보건법」 제36조에 따른 위험성평가를 하는 절차를 마련하고, 그 절차에 따라 위험성 평가를 직접 실시하거나 실시하도록 하여 실시 결과를 보고받은 경우에는 해당 업무절차에 따라 유해·위험요인의 확인 및 개선에 대한 점검을 한 것으로 본다.

4. 다음 각 목의 사항을 이행하는 데 필요한 예산을 편성하고 그 편성된 용도에 맞게 집행하도록 할 것

가. 재해 예방을 위해 필요한 안전·보건에 관한 인력, 시설 및 장비의 구비

나. 제3호에서 정한 유해·위험요인의 개선

다. 그 밖에 안전보건관리체계 구축 등을 위해 필요한 사항으로서 고용노동부장관이 정하여 고시하는 사항

5. 「산업안전보건법」 제15조, 제16조 및 제62조에 따른 안전보건관리책임자, 관리감독자 및 안전보건총괄책임자(이하 이 조에서 "안전보건관리책임자등"이라 한다.)가 같은 조에서 규정한 각각의 업무를 각 사업장에서 충실히 수행할 수 있도록 다음 각 목의 조치를 할 것

가. 안전보건관리책임자등에게 해당 업무 수행에 필요한 권한과 예산을 줄 것

나. 안전보건관리책임자등이 해당 업무를 충실하게 수행하는지를 평가하는 기준을 마련하고, 그 기준에 따라 반기 1회 이상 평가·관리할 것

6. 「산업안전보건법」 제17조부터 제19조까지 및 제22조에 따라 정해진 수 이상의 안전관리자, 보건관리자, 안전보건관리담당자 및 산업보건의를 배치할 것. 다만, 다른 법령에서 해당 인력의 배치에 대해 달리 정하고 있는 경우에는 그에 따르고, 배치해야 할 인력이 다른 업무를 겸직하는 경우에는 고용노동부장관이 정하여 고시하는 기준에 따라 안전·보건에 관한 업무 수행시간을 보장해야 한다.

7. 사업 또는 사업장의 안전·보건에 관한 사항에 대해 종사자의 의견을 듣는 절차를 마련하고, 그 절차에 따라 의견을 들어 재해 예방에 필요하다고 인정하는 경우에는 그에 대한 개선방안을 마련하여 이행하는지를 반기 1회 이상 점검한 후 필요한 조치를 할 것. 다만, 「산업안전보건법」 제24조에 따른 산업안전보건위원회 및 같은 법 제64조·제75조에 따른 안전 및 보건에 관한 협의체에서 사업 또는 사업장의 안전·보건에 관하여 논의하거나 심의·의결한 경우에는 해당 종사자의 의견을 들은 것으로 본다.

8. 사업 또는 사업장에 중대산업재해가 발생하거나 발생할 급박한 위험이 있을 경우를 대비하여 다음 각 목의 조치에 관한 매뉴얼을 마련하고, 해당 매뉴얼에 따라 조치하는지를 반기 1회 이상 점검할 것

가. 작업 중지, 근로자 대피, 위험요인 제거 등 대응조치

나. 중대산업재해를 입은 사람에 대한 구호조치

다. 추가 피해방지를 위한 조치

9. 제3자에게 업무의 도급, 용역, 위탁 등을 하는 경우에는 종사자의 안전·보건을 확보하기 위해 다음 각 목의 기준과 절차를 마련하고, 그 기준과 절차에 따라 도급, 용역, 위탁 등이 이루어지는지를 반기 1회 이상 점검할 것

가. 도급, 용역, 위탁 등을 받는 자의 산업재해 예방을 위한 조치 능력과 기술에 관한 평가기준·절차

나. 도급, 용역, 위탁 등을 받는 자의 안전·보건을 위한 관리비용에 관한 기준

다. 건설업 및 조선업의 경우 도급, 용역, 위탁 등을 받는 자의 안전·보건을 위한 공사기간 또는 건조기간에 관한 기준

제5조(안전·보건 관계 법령에 따른 의무이행에 필요한 관리상의 조치) ① 법 제4조 제1항 제4호에서 "안전·보건 관계 법령"이란 해당 사업 또는 사업장에 적용되는 것으로서 종사자의 안전·보건을 확보하는 데 관련되는 법령을 말한다.

② 법 제4조 제1항 제4호에 따른 조치에 관한 구체적인 사항은 다음 각 호와 같다.

1. 안전·보건 관계 법령에 따른 의무를 이행했는지를 반기 1회 이상 점검(해당 안전·보건 관계 법령에 따라 중앙행정기관의 장이 지정한 기관 등에 위탁하여 점검하는 경우를 포함한다. 이하 이 호에서 같다.)하고, 직접 점검하지 않은 경우에는 점검이 끝난 후 지체 없이 점검 결과를 보고받을 것

2. 제1호에 따른 점검 또는 보고 결과 안전·보건 관계 법령에 따른 의무가 이행되지 않은 사실이 확인되는 경우에는 인력을 배치하거나 예산을 추가로 편성·집행하도록 하는 등 해당 의무 이행에 필요한 조치를 할 것

3. 안전·보건 관계 법령에 따라 의무적으로 실시해야 하는 유해·위험한 작업에 관한 안전·보건에 관한 교육이 실시되었는지를 반기 1회 이상 점검하고, 직접 점검하지 않은 경우에는 점검이 끝난 후 지체 없이 점검 결과를 보고받을 것
4. 제3호에 따른 점검 또는 보고 결과 실시되지 않은 교육에 대해서는 지체 없이 그 이행의 지시, 예산의 확보 등 교육 실시에 필요한 조치를 할 것

제12조(중대산업재해 발생사실의 공표) ① 법 제13조 제1항에 따른 공표(이하 이 조에서 "공표"라 한다.)는 법 제4조에 따른 의무를 위반하여 발생한 중대산업재해로 법 제12조에 따라 범죄의 형이 확정되어 통보된 사업장을 대상으로 한다.
② 공표 내용은 다음 각 호의 사항으로 한다.
1. "중대산업재해 발생사실의 공표"라는 공표의 제목
2. 해당 사업장의 명칭
3. 중대산업재해가 발생한 일시·장소
4. 중대산업재해를 입은 사람의 수
5. 중대산업재해의 내용과 그 원인(사업주 또는 경영책임자등의 위반사항을 포함한다.)
6. 해당 사업장에서 최근 5년 내 중대산업재해의 발생 여부
③ 고용노동부장관은 공표하기 전에 해당 사업장의 사업주 또는 경영책임자등에게 공표하려는 내용을 통지하고 30일 이상의 기간을 정하여 그에 대해 소명자료를 제출하게 하거나 의견을 진술할 수 있는 기회를 주어야 한다.

④ 공표는 관보, 고용노동부나 「한국산업안전보건공단법」에 따른 한국산업안전보건공단의 홈페이지에 게시하는 방법으로 한다.
⑤ 제4항에 따라 홈페이지에 게시하는 방법으로 공표하는 경우 공표기간은 1년으로 한다.

제5조(도급, 용역, 위탁 등 관계에서의 안전 및 보건 확보의무) 사업주 또는 경영책임자 등은 사업주나 법인 또는 기관이 제3자에게 도급, 용역, 위탁 등을 행한 경우에는 제3자의 종사자에게 중대산업재해가 발생하지 아니하도록 제4조의 조치를 하여야 한다. 다만, 사업주나 법인 또는 기관이 그 시설, 장비, 장소 등에 대하여 실질적으로 지배·운영·관리하는 책임이 있는 경우에 한정한다.

제6조(중대산업재해 사업주와 경영책임자 등의 처벌) ① 제4조 또는 제5조를 위반하여 제2조 제2호 가목의 중대산업재해에 이르게 한 사업주 또는 경영책임자등은 1년 이상의 징역 또는 10억 원 이하의 벌금에 처한다. 이 경우 징역과 벌금을 병과할 수 있다.
② 제4조 또는 제5조를 위반하여 제2조 제2호 나목 또는 다목의 중대산업재해에 이르게 한 사업주 또는 경영책임자등은 7년 이하의 징역 또는 1억 원 이하의 벌금에 처한다.
③ 제1항 또는 제2항의 죄로 형을 선고받고 그 형이 확정된 후 5년 이내에 다시 제1항 또는 제2항의 죄를 저지른 자는 각 항에서 정한 형의 2분의 1까지 가중한다.

제7조(중대산업재해의 양벌규정) 법인 또는 기관의 경영책임자등이 그 법인 또는 기관의 업무에 관하여 제6조에 해당하는 위반행위를 하면 그 행위자를 벌하는 외에 그 법인 또는 기관에 다음 각 호의 구분에 따른 벌금형을 과(科)한다. 다만, 법인 또는 기관이 그 위반행위를 방지하기 위하여 해당 업무에 관하여 상당한 주의와 감독을 게을리하지 아니한 경우에는 그러하지 아니하다.

1. 제6조 제1항의 경우: 50억 원 이하의 벌금
2. 제6조 제2항의 경우: 10억 원 이하의 벌금

제8조(안전보건교육의 수강) ① 중대산업재해가 발생한 법인 또는 기관의 경영책임자등은 대통령령으로 정하는 바에 따라 안전보건교육을 이수하여야 한다.

② 제1항의 안전보건교육을 정당한 사유 없이 이행하지 아니한 경우에는 5천만 원 이하의 과태료를 부과한다.

③ 제2항에 따른 과태료는 대통령령으로 정하는 바에 따라 고용노동부장관이 부과·징수한다.

제6조(안전보건교육의 실시 등) ① 법 제8조 제1항에 따른 안전보건교육(이하 "안전보건교육"이라 한다.)은 총 20시간의 범위에서 고용노동부장관이 정하는 바에 따라 이수해야 한다.

② 안전보건교육에는 다음 각 호의 사항이 포함되어야 한다.

1. 안전보건관리체계의 구축 등 안전·보건에 관한 경영 방안
2. 중대산업재해의 원인 분석과 재발 방지 방안

③ 고용노동부장관은 「한국산업안전보건공단법」에 따른 한국산업안전보건공단이나 「산업안전보건법」 제33조에 따라 등록된 안전보건교육기관(이하 "안전보건교육기관 등"이라 한다.)에 안전보건교육을 의뢰하여 실시할 수 있다.

④ 고용노동부장관은 분기별로 중대산업재해가 발생한 법인 또는 기관을 대상으로 안전보건교육을 이수해야 할 교육대상자를 확정하고 안전보건교육 실시일 30일 전까지 다음 각 호의 사항을 해당 교육대상자에게 통보해야 한다.

1. 안전보건교육을 실시하는 안전보건교육기관등
2. 교육일정
3. 그 밖에 안전보건교육의 실시에 필요한 사항

⑤ 제4항에 따른 통보를 받은 교육대상자는 해당 교육일정에 참여할 수 없는 정당한 사유가 있는 경우에는 안전보건교육 실시일 7일 전까지 고용노동부장관에게 안전보건교육의 연기를 한 번만 요청할 수 있다.

⑥ 고용노동부장관은 제5항에 따른 연기 요청을 받은 날부터 3일 이내에 연기 가능 여부를 교육대상자에게 통보해야 한다.

⑦ 안전보건교육을 연기하는 경우 교육일정 등의 통보에 관하여는 제4항을 준용한다.

⑧ 안전보건교육에 드는 비용은 안전보건교육기관등에서 수강하는 교육대상자가 부담한다.

⑨ 안전보건교육기관등은 안전보건교육을 실시한 경우에는 지체 없이 안전보건교육 이수자 명단을 고용노동부장관에게 통보해야 한다.

⑩ 안전보건교육을 이수한 교육대상자는 필요한 경우 안전보건교육이수확인서를 발급해 줄 것을 고용노동부장관에게 요청할 수 있다.

⑪ 제10항에 따른 요청을 받은 고용노동부장관은 고용노동부장관이 정하는 바에 따라 안전보건교육이수확인서를 지체 없이 내주어야 한다.

제3장 중대시민재해

제9조(사업주와 경영책임자등의 안전 및 보건 확보의무) ① 사업주 또는 경영책임자등은 사업주나 법인 또는 기관이 실질적으로 지배·운영·관리하는 사업 또는 사업장에서 생산·제조·판매·유통 중인 원료나 제조물의 설계, 제조, 관리상의 결함으로 인한 그 이용자 또는 그 밖의 사람의 생명, 신체의 안전을 위하여 다음 각 호에 따른 조치를 하여야 한다.

1. 재해예방에 필요한 인력·예산·점검 등 안전보건관리체계의 구축 및 그 이행에 관한 조치
2. 재해 발생 시 재발방지 대책의 수립 및 그 이행에 관한 조치
3. 중앙행정기관·지방자치단체가 관계 법령에 따라 개선, 시정 등을 명한 사항의 이행에 관한 조치
4. 안전·보건 관계 법령에 따른 의무이행에 필요한 관리상의 조치

② 사업주 또는 경영책임자등은 사업주나 법인 또는 기관이 실질적으로 지배·운영·관리하는 공중이용시설 또는 공중교통수단의 설계, 설치, 관리상의 결함으로 인한 그 이용자 또는 그 밖의 사람의 생명, 신체의 안전을 위하여 다음 각 호에 따른 조치를 하여야 한다.

1. 재해예방에 필요한 인력·예산·점검 등 안전보건관리체계의 구축 및 그 이행에 관한 조치
2. 재해 발생 시 재발방지 대책의 수립 및 그 이행에 관한 조치

제8조(원료·제조물 관련 안전보건관리체계의 구축 및 이행 조치) 법 제9조 제1항 제1호에 따른 조치의 구체적인 사항은 다음 각 호와 같다.

1. 다음 각 목의 사항을 이행하는 데 필요한 인력을 갖추어 중대시민재해 예방을 위한 업무를 수행하도록 할 것
   가. 법 제9조 제1항 제4호의 안전·보건 관계 법령에 따른 안전·보건 관리 업무의 수행
   나. 유해·위험요인의 점검과 위험징후 발생 시 대응
   다. 그 밖에 원료·제조물 관련 안전·보건 관리를 위해 환경부장관이 정하여 고시하는 사항
2. 다음 각 목의 사항을 이행하는 데 필요한 예산을 편성·집행할 것
   가. 법 제9조 제1항 제4호의 안전·보건 관계 법령에 따른 인력·시설 및 장비 등의 확보·유지
   나. 유해·위험요인의 점검과 위험징후 발생 시 대응
   다. 그 밖에 원료·제조물 관련 안전·보건 관리를 위해 환경부장관이 정하여 고시하는 사항
3. 별표 5에서 정하는 원료 또는 제조물로 인한 중대시민재해를 예방하기 위해 다음 각 목의 조치를 할 것
   가. 유해·위험요인의 주기적인 점검
   나. 제보나 위험징후의 감지 등을 통해 발견된 유해·위험요인을 확인한 결과 중대시민재해의 발생 우려가 있는 경우의 신고 및 조치

3. 중앙행정기관·지방자치단체가 관계 법령에 따라 개선, 시정 등을 명한 사항의 이행에 관한 조치

4. 안전·보건 관계 법령에 따른 의무이행에 필요한 관리상의 조치

③ 사업주 또는 경영책임자등은 사업이나 법인 또는 기관이 공중이용시설 또는 공중교통수단과 관련하여 제3자에게 도급, 용역, 위탁 등을 행한 경우에는 그 이용자 또는 그 밖의 사람의 생명, 신체의 안전을 위하여 제2항의 조치를 하여야 한다. 다만, 사업주나 법인 또는 기관이 그 시설, 장비, 장소 등에 대하여 실질적으로 지배·운영·관리하는 책임이 있는 경우에 한정한다.

④ 제1항제1호·제4호 및 제2항제1호·제4호의 조치에 관한 구체적인 사항은 대통령령으로 정한다.

다. 중대시민재해가 발생한 경우의 보고, 신고 및 조치

라. 중대시민재해 원인조사에 따른 개선조치

4. 제3호 각 목의 조치를 포함한 업무처리절차의 마련. 다만, 「소상공인기본법」 제2조에 따른 소상공인의 경우는 제외한다.

5. 제1호 및 제2호의 사항을 반기 1회 이상 점검하고, 점검 결과에 따라 인력을 배치하거나 예산을 추가로 편성·집행하도록 하는 등 중대시민재해 예방에 필요한 조치를 할 것

제9조(원료·제조물 관련 안전·보건 관계 법령에 따른 의무이행에 필요한 관리상의 조치) ① 법 제9조 제1항 제4호에서 "안전·보건 관계 법령"이란 해당 사업 또는 사업장에서 생산·제조·판매·유통 중인 원료나 제조물에 적용되는 것으로서 그 원료나 제조물이 사람의 생명·신체에 미칠 수 있는 유해·위험 요인을 예방하고 안전하게 관리하는 데 관련되는 법령을 말한다.

② 법 제9조 제1항 제4호에 따른 조치의 구체적인 사항은 다음 각 호와 같다.

1. 안전·보건 관계 법령에 따른 의무를 이행했는지를 반기 1회 이상 점검(해당 안전·보건 관계 법령에 따라 중앙행정기관의 장이 지정한 기관 등에 위탁하여 점검하는 경우를 포함한다. 이하 이 호에서 같다.)하고, 직접 점검하지 않은 경우에는 점검이 끝난 후 지체 없이 점검 결과를 보고받을 것

2. 제1호에 따른 점검 또는 보고 결과 안전·보건 관계 법령에 따른 의무가 이행되지 않은 사실이 확인되는 경우에는 인력을 배치하거나 예산을 추가로 편성·집행하도록 하는 등 해당 의무 이행에 필요한 조치를 할 것

3. 안전·보건 관계 법령에 따라 의무적으로 실시해야 하는 교육이 실시되는지를 반기 1회 이상 점검하고, 직접 점검하지 않은 경우에는 점검이 끝난 후 지체 없이 점검 결과를 보고받을 것

4. 제3호에 따른 점검 또는 보고 결과 실시되지 않은 교육에 대해서는 지체 없이 그 이행의 지시, 예산의 확보 등 교육 실시에 필요한 조치를 할 것

제10조(공중이용시설·공중교통수단 관련 안전보건관리체계 구축 및 이행에 관한 조치) 법 제9조 제2항 제1호에 따른 조치의 구체적인 사항은 다음 각 호와 같다.

1. 다음 각 목의 사항을 이행하는 데 필요한 인력을 갖추어 중대시민재해 예방을 위한 업무를 수행하도록 할 것

가. 법 제9조 제2항 제4호의 안전·보건 관계 법령에 따른 안전관리 업무의 수행

나. 제4호에 따라 수립된 안전계획의 이행

다. 그 밖에 공중이용시설 또는 공중교통수단과 그 이용자나 그 밖의 사람의 안전에 관하여 국토교통부장관이 정하여 고시하는 사항

2. 다음 각 목의 사항을 이행하는 데 필요한 예산을 편성·집행할 것

가. 법 제9조 제2항 제4호의 안전·보건 관계 법령에 따른 인력·시설 및 장비 등의 확보·유지와 안전점검 등의 실시

나. 제4호에 따라 수립된 안전계획의 이행

다. 그 밖에 공중이용시설 또는 공중교통수단과 그 이용자나 그 밖의 사람의 안전에 관하여 국토교통부장관이 정하여 고시하는 사항

3. 공중이용시설 또는 공중교통수단에 대
한 법 제9조 제2항 제4호의 안전·보건
관계 법령에 따른 안전점검 등을 계획하
여 수행되도록 할 것

4. 공중이용시설 또는 공중교통수단에 대
해 연 1회 이상 다음 각 목의 내용이 포
함된 안전계획을 수립하게 하고, 충실
히 이행하도록 할 것. 다만, 공중이용시
설에 대해 「시설물의 안전 및 유지관리
에 관한 특별법」 제6조에 따라 시설물
에 대한 안전 및 유지관리계획을 수립·
시행하거나 공중이용시설 또는 공중교
통수단에 대해 철도운영자가 「철도안전
법」 제6조에 따라 연차별 시행계획을 수
립·추진하는 경우로서 사업주 또는 경
영책임자등이 그 수립 여부 및 내용을
직접 확인하거나 보고받은 경우에는 안
전계획을 수립하여 이행한 것으로 본다.

가. 공중이용시설 또는 공중교통수단의 안
전과 유지관리를 위한 인력의 확보에 관
한 사항

나. 공중이용시설의 안전점검 또는 정밀안
전진단의 실시와 공중교통수단의 점검·
정비(점검·정비에 필요한 장비를 확보하
는 것을 포함한다.)에 관한 사항

다. 공중이용시설 또는 공중교통수단의 보
수·보강 등 유지관리에 관한 사항

5. 제1호부터 제4호까지에서 규정한 사항
을 반기 1회 이상 점검하고, 직접 점검
하지 않은 경우에는 점검이 끝난 후 지
체 없이 점검 결과를 보고받을 것

6. 제5호에 따른 점검 또는 보고 결과에 따
라 인력을 배치하거나 예산을 추가로 편
성·집행하도록 하는 등 중대시민재해
예방에 필요한 조치를 할 것

7. 중대시민재해 예방을 해 다음 각 목의

사항이 포함된 업무처리절차를 마련하여 이행할 것. 다만, 철도운영자가 「철도안전법」 제7조에 따라 비상대응계획을 포함한 철도안전관리체계를 수립하여 시행하거나 항공운송사업자가 「항공안전법」 제58조 제2항에 따라 위기대응계획을 포함한 항공안전관리시스템을 마련하여 운용한 경우로서 사업주 또는 경영책임자등이 그 수립 여부 및 내용을 직접 점검하거나 점검 결과를 보고받은 경우에는 업무처리절차를 마련하여 이행한 것으로 본다.

가. 공중이용시설 또는 공중교통수단의 유해·위험요인의 확인·점검에 관한 사항

나. 공중이용시설 또는 공중교통수단의 유해·위험요인을 발견한 경우 해당 사항의 신고·조치요구, 이용 제한, 보수·보강 등 그 개선에 관한 사항

다. 중대시민재해가 발생한 경우 사상자 등에 대한 긴급구호조치, 공중이용시설 또는 공중교통수단에 대한 긴급안전점검, 위험표지 설치 등 추가 피해방지 조치, 관계 행정기관 등에 대한 신고와 원인조사에 따른 개선조치에 관한 사항

라. 공중교통수단 또는 「시설물의 안전 및 유지관리에 관한 특별법」 제7조 제1호의 제1종시설물에서 비상상황이나 위급상황 발생 시 대피훈련에 관한 사항

8. 제3자에게 공중이용시설 또는 공중교통수단의 운영·관리 업무의 도급, 용역, 위탁 등을 하는 경우 공중이용시설 또는 공중교통수단과 그 이용자나 그 밖의 사람의 안전을 확보하기 위해 다음 각 목에 따른 기준과 절차를 마련하고, 그 기준과 절차에 따라 도급, 용역, 위탁 등이 이루어지는지를 연 1회 이상 점검하고, 직접 점검하지 않은 경우에는 점검이 끝난 후 지체 없이 점검 결과를 보고받을 것

가. 중대시민재해 예방을 위한 조치능력 및 안전관리능력에 관한 평가기준·절차

나. 도급, 용역, 위탁 등의 업무 수행 시 중대시민재해 예방을 위해 필요한 비용에 관한 기준

제11조(공중이용시설·공중교통수단 관련 안전·보건 관계 법령에 따른 의무이행에 필요한 관리상의 조치) ① 법 제9조 제2항 제4호에서 "안전·보건 관계 법령"이란 해당 공중이용시설·공중교통수단에 적용되는 것으로서 이용자나 그 밖의 사람의 안전·보건을 확보하는 데 관련되는 법령을 말한다.

② 법 제9조 제2항 제4호에 따른 조치의 구체적인 사항은 다음 각 호와 같다.

1. 안전·보건 관계 법령에 따른 의무를 이행했는지를 연 1회 이상 점검(해당 안전·보건 관계 법령에 따라 중앙행정기관의 장이 지정한 기관 등에 위탁하여 점검하는 경우를 포함한다. 이하 이 호에서 같다.)하고, 직접 점검하지 않은 경우에는 점검이 끝난 후 지체 없이 점검 결과를 보고받을 것

2. 제1호에 따른 점검 또는 보고 결과 안전·보건 관계 법령에 따른 의무가 이행되지 않은 사실이 확인되는 경우에는 인력을 배치하거나 예산을 추가로 편성·집행하도록 하는 등 해당 의무 이행에 필요한 조치를 할 것

3. 안전·보건 관계 법령에 따라 공중이용시설의 안전을 관리하는 자나 공중교통수단의 시설 및 설비를 정비·점검하는 종사자가 의무적으로 이수해야 하는 교육을 이수했는지를 연 1회 이상 점검하고, 직접 점검하지 않은 경우에는 점검이 끝난 후 지체 없이 점검 결과를 보고받을 것

	4. 제3호에 따른 점검 또는 보고 결과 실시되지 않은 교육에 대해서는 지체 없이 그 이행의 지시 등 교육 실시에 필요한 조치를 할 것
제10조(중대시민재해 사업주와 경영책임자등의 처벌) ① 제9조를 위반하여 제2조 제3호 가목의 중대시민재해에 이르게 한 사업주 또는 경영책임자등은 1년 이상의 징역 또는 10억 원 이하의 벌금에 처한다. 이 경우 징역과 벌금을 병과할 수 있다. ② 제9조를 위반하여 제2조 제3호 나목 또는 다목의 중대시민재해에 이르게 한 사업주 또는 경영책임자등은 7년 이하의 징역 또는 1억 원 이하의 벌금에 처한다.	
제11조(중대시민재해의 양벌규정) 법인 또는 기관의 경영책임자등이 그 법인 또는 기관의 업무에 관하여 제10조에 해당하는 위반행위를 하면 그 행위자를 벌하는 외에 그 법인 또는 기관에게 다음 각 호의 구분에 따른 벌금형을 과(科)한다. 다만, 법인 또는 기관이 그 위반행위를 방지하기 위하여 해당 업무에 관하여 상당한 주의와 감독을 게을리하지 아니한 경우에는 그러하지 아니하다. 1. 제10조 제1항의 경우: 50억 원 이하의 벌금 2. 제10조 제2항의 경우: 10억 원 이하의 벌금	

제4장 보칙

제12조(형 확정 사실의 통보) 법무부장관은 제6조, 제7조, 제10조 또는 제11조에 따른 범죄의 형이 확정되면 그 범죄사실을 관계 행정기관의 장에게 통보하여야 한다.	제12조(중대산업재해 발생사실의 공표) ① 법 제13조 제1항에 따른 공표(이하 이 조에서 "공표"라 한다.)는 법 제4조에 따른 의무를 위반하여 발생한 중대산업재해로

법 제12조에 따라 범죄의 형이 확정되어 통보된 사업장을 대상으로 한다.

② 공표 내용은 다음 각 호의 사항으로 한다.

1. "중대산업재해 발생사실의 공표"라는 공표의 제목
2. 해당 사업장의 명칭
3. 중대산업재해가 발생한 일시·장소
4. 중대산업재해를 입은 사람의 수
5. 중대산업재해의 내용과 그 원인(사업주 또는 경영책임자등의 위반사항을 포함한다.)
6. 해당 사업장에서 최근 5년 내 중대산업재해의 발생 여부

③ 고용노동부장관은 공표하기 전에 해당 사업장의 사업주 또는 경영책임자등에게 공표하려는 내용을 통지하고 30일 이상의 기간을 정하여 그에 대해 소명자료를 제출하게 하거나 의견을 진술할 수 있는 기회를 주어야 한다.

④ 공표는 관보, 고용노동부나 「한국산업안전보건공단법」에 따른 한국산업안전보건공단의 홈페이지에 게시하는 방법으로 한다.

⑤ 제4항에 따라 홈페이지에 게시하는 방법으로 공표하는 경우 공표기간은 1년으로 한다.

제13조(중대산업재해 발생사실 공표) ① 고용노동부장관은 제4조에 따른 의무를 위반하여 발생한 중대산업재해에 대하여 사업장의 명칭, 발생 일시와 장소, 재해의 내용 및 원인 등 그 발생사실을 공표할 수 있다.

② 제1항에 따른 공표의 방법, 기준 및 절차 등은 대통령령으로 정한다.

제12조(중대산업재해 발생사실의 공표) ① 법 제13조 제1항에 따른 공표(이하 이 조에서 "공표"라 한다.)는 법 제4조에 따른 의무를 위반하여 발생한 중대산업재해로 법 제12조에 따라 범죄의 형이 확정되어 통보된 사업장을 대상으로 한다.

② 공표 내용은 다음 각 호의 사항으로 한다.

1. "중대산업재해 발생사실의 공표"라는 공표의 제목
2. 해당 사업장의 명칭
3. 중대산업재해가 발생한 일시·장소
4. 중대산업재해를 입은 사람의 수
5. 중대산업재해의 내용과 그 원인(사업주 또는 경영책임자등의 위반사항을 포함한다.)
6. 해당 사업장에서 최근 5년 내 중대산업재해의 발생 여부

③ 고용노동부장관은 공표하기 전에 해당 사업장의 사업주 또는 경영책임자등에게 공표하려는 내용을 통지하고 30일 이상의 기간을 정하여 그에 대해 소명자료를 제출하게 하거나 의견을 진술할 수 있는 기회를 주어야 한다.

④ 공표는 관보, 고용노동부나 「한국산업안전보건공단법」에 따른 한국산업안전보건공단의 홈페이지에 게시하는 방법으로 한다.

⑤ 제4항에 따라 홈페이지에 게시하는 방법으로 공표하는 경우 공표기간은 1년으로 한다.

제14조(심리절차에 관한 특례) ① 이 법 위반 여부에 관한 형사재판에서 법원은 직권으로 「형사소송법」 제294조의2에 따라 피해자 또는 그 법정대리인(피해자가 사망하거나 진술할 수 없는 경우에는 그 배우자·직계친족·형제자매를 포함한다.)을 증인으로 신문할 수 있다.

② 이 법 위반 여부에 관한 형사재판에서 법원은 검사, 피고인 또는 변호인의 신청이 있는 경우 특별한 사정이 없으면 해당 분야의 전문가를 전문심리위원으로 지정하여 소송절차에 참여하게 하여야 한다.

제15조(손해배상의 책임) ① 사업주 또는 경영책임자등이 고의 또는 중대한 과실로 이 법에서 정한 의무를 위반하여 중대재해를 발생하게 한 경우 해당 사업주, 법인 또는 기관이 중대재해로 손해를 입은 사람에 대하여 그 손해액의 5배를 넘지 아니하는 범위에서 배상책임을 진다. 다만, 법인 또는 기관이 해당 업무에 관하여 상당한 주의와 감독을 게을리하지 아니한 경우에는 그러하지 아니하다.

② 법원은 제1항의 배상액을 정할 때에는 다음 각 호의 사항을 고려하여야 한다.

1. 고의 또는 중대한 과실의 정도
2. 이 법에서 정한 의무위반행위의 종류 및 내용
3. 이 법에서 정한 의무위반행위로 인하여 발생한 피해의 규모
4. 이 법에서 정한 의무위반행위로 인하여 사업주나 법인 또는 기관이 취득한 경제적 이익
5. 이 법에서 정한 의무위반행위의 기간·횟수 등
6. 사업주나 법인 또는 기관의 재산상태
7. 사업주나 법인 또는 기관의 피해구제 및 재발방지 노력의 정도

제16조(정부의 사업주 등에 대한 지원 및 보고) ① 정부는 중대재해를 예방하여 시민과 종사자의 안전과 건강을 확보하기 위하여 다음 각 호의 사항을 이행하여야 한다.

1. 중대재해의 종합적인 예방대책의 수립·시행과 발생원인 분석
2. 사업주, 법인 및 기관의 안전보건관리체계 구축을 위한 지원
3. 사업주, 법인 및 기관의 중대재해 예방을 위한 기술 지원 및 지도

4. 이 법의 목적 달성을 위한 교육 및 홍보
   의 시행

② 정부는 사업주, 법인 및 기관에 대하여
유해·위험 시설의 개선과 보호 장비의 구
매, 종사자 건강진단 및 관리 등 중대재해
예방사업에 소요되는 비용의 전부 또는 일
부를 예산의 범위에서 지원할 수 있다.

③ 정부는 제1항 및 제2항에 따른 중대재
해 예방을 위한 조치 이행 등 상황 및 중대
재해 예방사업 지원 현황을 반기별로 국회
소관 상임위원회에 보고하여야 한다.

부칙

제1조(시행일) ① 이 법은 공포 후 1년이 경
과한 날부터 시행한다. 다만, 이 법 시행 당
시 개인사업자 또는 상시 근로자가 50명 미
만인 사업 또는 사업장(건설업의 경우에는
공사금액 50억 원 미만의 공사)에 대해서
는 공포 후 3년이 경과한 날부터 시행한다.

② 제1항에도 불구하고 제16조는 공포한
날부터 시행한다.

제2조(다른 법률의 개정) 법원조직법 중 일
부를 다음과 같이 개정한다.

제32조 제1항 제3호에 아목을 다음과 같이
신설한다.

아. 「중대재해 처벌 등에 관한 법률」 제6조
   제1항·제3항 및 제10조 제1항에 해당
   하는 사건

이 영은 2022년 1월 27일부터 시행한다.

2. 중대산업재해 관련 서식

서식-1 안전보건 경영방침 작성 예시

안 전 보 건 경 영 방 침

○○기업은 경영활동 전반에 전 사원의 안전과 보건을 기업의 최우선 가치로인식하고, 법규 및 기준을 준수하는 안전보건관리체계를 구축하여 전 직원이 안전하고 쾌적한 환경에서 근무할 수 있도록 최선을 다한다.

이를 위해 다음과 같은 안전보건활동을 통해 지속적으로 안전보건환경을 개선한다.

1. 경영책임자는 '근로자의 생명 보호'와 '안전한 작업환경 조성'을 기업경영 활동의 최우선 목표로 삼는다.
2. 경영책임자는 사업장에 안전보건관리체계를 구축하여 사업장의 위험요인 제거·통제를 위한 충분한 인적·물적 자원을 제공한다.
3. 안전보건 목표를 설정하고, 이를 달성하기 위한 세부적인 실행계획을 수립하여 이행한다.
4. 안전보건 관계 법령 및 관련 규정을 준수하는 내부규정을 수립하여 충실히 이행한다.
5. 근로자의 참여를 통해 위험요인을 파악하고, 파악된 위험요인은 반드시 개선하고, 교육을 통해 공유한다.
6. 모든 구성원이 자신의 직무와 관련된 위험요인을 알도록 하고, 위험요인 제거·대체 및 통제기법에 관해 교육·훈련을 실시한다.
7. 모든 공급자와 계약자가 우리의 안전보건 방침과 안전 요구사항을 준수하도록 한다.
8. 모든 구성원은 안전보건활동에 대한 책임과 의무를 성실히 준수토록 한다.

○○○○년 ○○ 월 ○○ 일

○○ 기업 대표이사 (서명)

서식-2 경영자 리더쉽

자가진단 항목	네	아니오	비고
1. 사업주가 '근로자의 생명 보호'와 '안전한 작업환경 조성'을 기업경영의 우선되는 가치로 삼고 있다.			
2. 사업주의 안전보건 목표와 개선 의지를 담은 안전 보건 경영 방침 을 수립하고 그 적정성을 주기적으로 검토한다.			
3. 안전보건 경영방침을 인트라넷·게시판·작업현장 등에 게시하여 대부분의 근로자가 알고 있다.			
4. 안전보건 경영방침을 하청업체, 파견업체, 공급·판매업체도 알고 있다.			
5. 안전보건에 관한 목표를 설정하고 목표 달성을 위한 실행계획을 수립한다.			
6. 주기적으로 사업주(CEO) 주재의 안전보건 관련 회의를 진행하여 위험요인의 제거·대체 및 통제에 필요한 자원을 확인 등 안전보건 관리체계의 정상적인 작동 여부를 확인한다.			
7. 위험요인의 제거·대체 및 통제를 위한 구체적인 계획을 수립하고, 이행에 필요한 예산을 배정한다.			
8. 안전보건 관리를 위한 인력을 법정 최소요건 이상으로 충분히 확보한다.			
9. 안전보건 확보를 위한 안전보건 조직의 제안이 원활하게 이행될 수 있도록 권한을 부여한다.			
10. 안전보건관리규정 등 내부규정에 구성원의 권한과 책임을 정하고, 그 적정성을 주기적으로 검토한다.			
11. 안전보건 관리체계 구축·이행은 안전관리자·보건관리자만의 업무가 아닌 최고책임자와 관리자의 기본적인 업무임을 명확히 한다.			
12. 안전보건관리규정 등 내부규정에 안전보건과 관련한 업무절차를 정하고 있다.			
13. 구성원들이 안전보건 활동에 참여할 수 있는 시간을 보장한다.			
14. 사업주는 안전보건 활동에 적극적인 참여자에게 인센티브를 제공하는 등 참여를 위한 분위기를 조성한다.			

서식-3 안전보건 관리체계 이해

핵심요소		실행전략
1	경영자 리더십	● 안전보건에 대한 의지를 밝히고, 목표를 정합니다. ● 안전보건에 필요한 자원(인력·시설·장비)을 배정합니다. ● 구성원의 권한과 책임을 정하고, 참여를 독려합니다.
2	근로자 참여	● 안전보건관리 전반에 관한 정보를 공개합니다. ● 모든 구성원이 참여할 수 있는 절차를 마련합니다. ● 자유롭게 의견을 제시할 수 있는 문화를 조성합니다.
3	위험요인 파악	● 위험요인에 대한 정보를 수집하고 정리합니다. ● 산업재해 및 아차사고를 조사합니다. ● 위험 기계, 기구, 설비 등을 파악합니다. ● 유해인자를 파악합니다. ● 위험장소 및 작업형태별 위험요인을 파악합니다.
4	위험요인 제거, 대체 및 통제	● 위험요인별 위험성을 평가합니다. ● 위험요인별 제거, 대체 및 통제방안을 검토합니다. ● 종합적인 대책을 수립하고 이행합니다. ● 교육훈련을 실시합니다.
5	비상조치 계획 수립	● 위험요인을 바탕으로 '시나리오'를 작성합니다. ● '재해 발생 시나리오'별 조치계획을 수립합니다. ● 조치계획에 따라 주기적으로 훈련합니다.
6	도급용역 위탁 시 안전보건 확보	● 산업재해 예방 능력을 갖춘 사업주를 선정합니다. ● 안전보건 관리체계 구축 및 운영 시 사업장 내 모든 구성원이 참여하고 보호받을 수 있도록 합니다.
7	평가 및 개선	● 안전보건 목표를 설정하고 관리합니다. ● '안전보건 관리체계'가 제대로 운영되는지 점검합니다. ● 발굴된 문제점을 주기적으로 검토하고 개선합니다.

서식-4 근로자 참여

자가진단 항목	네	아니오	비고
1. 안전보건 경영방침과 목표, 산업안전보건법령의 주요 내용, 안전보건관리규정, 산업안전보건위원회 의결사항 등을 홈페이지, 게시판에 게시한다.			
2. 사업장 내 유해·위험기계·기구 및 물질, 위험장소 등을 대부분의 근로자가 알고 있다.			
3. 산업재해 및 아차사고 발생 현황 등을 공개하여 대부분의 근로자가 알고 있다.			
4. 안전보건 확보와 관련 사업장 내 구성원들이 참여할 수 있는 공식적인 절차를 적극적으로 알린다.			
5. 산업안전보건위원회, 도급인·수급인 안전보건 협의체 등을 통해 구성원의 의견을 적극적으로 수렴한다.			
6. 작업 전 안전미팅(TBM), 안전제안활동, 안전보건신고함 등 법적 절차 외 구성원의 의견을 수렴하는 절차를 운영한다.			
7. 위험요인 파악 및 제거·대체·통제방안 마련 시 해당 작업과 연계된 근로자를 참여시킨다.			
8. 위험요인별 재해 발생 시나리오 및 조치계획 수립 시 해당 작업과 연계된 근로자를 참여시킨다.			
9. 위험요인 신고, 제도개선 제안 시 인센티브를 부여한다.			
10. 위험요인 신고·제안자에게 불이익이 없도록 하여 자유롭게 의견을 제시할 수 있도록 한다.			
11. 신고 및 제안에 대한 조치 결과를 정기적으로 공개한다.			

서식-5 위험요인 파악

자가진단 항목	네	아니오	비고
1. 경영자·관리자·현장 작업자의 참여를 바탕으로 위험요인을 주기적으로 파악한다.			
2. 근로자뿐만 아니라 파견업체, 공급·판매업체, 고객 등 모든 구성원이 위험요인을 신고·제보할 수 있는 절차를 운영한다.			
3. 산업재해 및 아차사고를 조사하여 위험요인을 파악한다.			
4. 동종업체의 산업재해를 조사 및 참고하여 위험요인을 파악한다.			
5. 파악한 위험요인을 유형별로 정리한다.			
6. 보유하고 있는 위험기계·기구·설비, 유해·위험 화학물질 현황을 관리대장 등을 통해 관리한다.			
7. 새로운 기계·기구·설비 또는 화학물질 도입 시 사전에 위험요인을 파악하는 절차를 두고 관리한다.			
8. 위험장소에 안전보건표지를 부착하고, 출입 및 작업 시 별도로 관리하는 절차가 있다.			
9. 작업 방법을 고려한 위험요인을 파악한다.			
10. 새로운 작업의 경우 작업위험성평가 등을 실시하여 작업 위험을 파악한다.			

서식-6 위험요인 제거·대체 및 통제

자가진단 항목	네	아니오	비고
1. 각각의 위험요소에 대해 사고 발생 가능성(빈도)과 중대성(강도)을 예측하여 위험의 정도를 평가한다.			
2. 위험요인 우선순위를 정하고, 감소대책을 수립한다.			
3. 위험요인별 개선방안 마련 시 현장 작업자가 참여하고, 사업주의 검토가 이루어진다.			
4. 위험요인별 개선방안 마련 시 제거 → 대체 → 통제 → 보호구 순으로 검토한다.			
5. 위험요인별 개선방안 마련 시 가능한 공학적 통제방안 이상으로 복수의 방안을 마련한다.			
6. 위험요인별 개선방안이 결정되면, 개선 시기, 예산·인력 배정방안, 담당자 지정을 포함한 종합적인 대책을 마련한다.			
7. 위험요인 제거·대체 및 통제를 위한 종합적인 대책을 모든 구성원에게 공유·교육하고 이행한다.			
8. 보유하고 있는 기계·기구 및 설비 등에 대한 점검·정비 절차가 있다.			
9. 새로운 기계·기구·설비 도입, 화학물질 변경, 운전조건 변화 등 공정 변경 시 사전에 안전을 고려하는 절차가 있다.			
10. 위험작업에 대한 작업 절차서를 작성한다.			
11. 비정형 작업 등 위험작업 시 작업허가제, LOTO(Lock Out, Tag Out) 절차를 운영한다.			
12. 모든 구성원에게 안전보건 관리체계 전반에 대해 주기적으로 교육한다.			

서식-7 비상조치 계획 수립

자가진단 항목	네	아니오	비고
1. 위험요인별로 어떤 재해가 발생할 수 있는지를 검토하여 중대재해로 이어질 수 있는 재해요인을 파악한다.			
2. 발생 가능한 사고의 유형 및 형태, 사고 발생 시 초래될 결과 등을 확인·예측한다.			
3. 공장별·현장별 위험성이 높은 위험요인에 대해 재해발생 시나리오를 작성한다.			
4. 재해 발생 시나리오별 조치계획을 작성하여 관계 부서, 공정, 유해·위험물질, 재해 유형, 원인, 피해 범위 등을 목록화하여 관리한다.			
5. 비상조치 계획에는 필요한 인력 및 시설·장비(인적·물적 자원)가 적절히 포함되어 있다.			
6. 비상조치 계획에 작업 중지, 근로자 대피, 위험요인 제거 등 대응조치, 재해자 구호조치, 추가피해 방지를 위한 조치가 포함되어 있다.			
7. 비상조치 계획에 상황보고 및 전파체계, 조치별 대응조직 및 담당자의 역할이 적절히 구분되어 있다.			
8. 비상시 즉각 탈출할 수 있는 비상구가 충분히 마련되었고, 즉각 알아볼 수 있는 형태로 표시되어 있다.			
9. 비상상황에 대비한 병원, 소방서 등 유관기관과의 협조체계가 마련되어 있다.			
10. 비상조치 계획에 따라 주기적으로 훈련하고 적정성을 검토한다(반기 1회 이상).			
11. 훈련과정에서 발견된 문제점을 검토하여 조치계획을 개선한다.			

서식-8 도급·용역·위탁 시 안전보건 확보

자가진단 항목	네	아니오	비고
1. 도급·용역·위탁 시 안전보건 수준을 평가하는 절차가 있고, 이에 따라 선정이 이루어진다.			
2. 도급·용역·위탁 시 안전보건 수준 평가 기준이 적절하여, 그 결과 안전보건 능력을 갖춘 자가 선정된다.			
3. 도급·용역·위탁 시 도급·용역·위탁 등을 받는 자의 안전·보건을 위한 관리비용, 공사기간 등에 대한 검토 기준이 있다.			
4. 도급·용역·위탁 시 도급·용역·위탁 등을 받는 자의 산재예방 능력 평가 기준에 따라 평가·선정이 이루어지는지를 주기적으로 점검한다(반기 1회 이상).			
5. 도급·용역·위탁 시 도급·용역·위탁 등을 받는 자의 적정 안전·보건 관리비용 검토 후 비용이 지급되는지를 주기적으로 점검한다(반기 1회 이상).			
6. 도급·용역·위탁 시 도급·용역·위탁 등을 받는 자의 적정 공사 기간 검토 후 해당 사업이 이루어지는지를 주기적으로 점검한다(반기 1회 이상).			
7. 도급·용역·위탁 시 사전에 유해·위험물질의 유해성·위험성, 유해·위험작업에 대한 주의사항 등 안전보건에 관한 정보를 제공한다.			
8. 도급·용역·위탁받은 자가 안전보건에 관한 의견을 전달하는 절차가 있고, 그에 대한 검토 및 처리결과를 근로자에게 공유한다.			
9. 도급·용역·위탁 업무 시 유해·위험한 작업의 경우 안전작업허가제를 통해 관리하고, 점검반을 구성하여 수시로 안전보건 점검을 실시한다.			
10. 도급·용역·위탁받은 자가 실시하는 위험성평가, 안전보건교육 등 안전보건활동의 적정성을 검토·확인한다.			
11. 도급·용역·위탁 업무 완료 시 안전보건 업무 평가를 실시하여 이를 활용한다.			

서식-9 안전보건 관리체계 이행 평가 및 개선

자가진단 항목	네	아니오	비고
1. 전 부서 및 구성원을 대상으로 안전보건에 관한 성과를 평가한다.			
2. 안전보건에 관한 평가 시 근로자 의견 검토 및 반영, 도급·용역·위탁 시 안전·보건 관리에 관한 사항을 포함한다.			
3. 안전보건에 관한 성과평가 결과를 다음 연도 목표설정 및 실행계획 수립에 반영한다.			
4. 안전보건 관리체계가 계획 및 내부규정에 따라 운영되는지 주기적으로 확인한다.			
5. 산업재해 발생 시 사고의 원인을 찾기 위해 조사팀을 구성하여 현장의 문제점을 조사한다.			
6. 산업재해 발생 시 사고의 근원적인 원인을 찾기 위해 업무절차 및 자원배정의 적정성 등 안전보건 관리체계 전반을 점검한다.			
7. 안전보건 관리체계 점검팀 구성, 점검 종류, 점검 주기, 점검방법 등을 내부규정으로 정하여 운영한다.			
8. 점검 결과 발견된 문제 및 개선방안은 사업주에게 보고하고, 근로자에게 교육 등을 통해 전파한다.			
9. 도출된 문제 및 개선방안 마련 시 근원적인 문제점이 개선되도록 충분한 자원을 배정한다.			
10. 점검 결과 마련된 개선방안은 개선 시기, 담당, 예산·인력배정방안을 포함하여 조치계획을 수립한다.			
11. 중대재해처벌법상에 규정된 정기적인 안전보건 관리체계 관련 점검·평가 의무를 이행한다(유해·위험요인 개선, 안전보건관리 책임자 등의 업무수행, 근로자 의견 청취, 비상조치 매뉴얼, 도급·용역·위탁).			

서식-10 안전보건 목표 및 추진계획서 작성 예시(1)

안전보건활동 목표/세부 추진계획		결재	작성		검토	승인

전사 목표	목표/세부 추진계획		추진일정 1분기	2분기	3분기	4분기	성과지표	담당부서	예산 (만 원)	달성률 (%)	실적/부진사유
산재 사고 감소 00% 목표	정기 위험성평가	계획					1회/년 이상	전부서	500	100%	- 3/20 30개 공정 실시
		실적									
	수시 위험성평가	계획					수시	전부서		5건	- 4/15 1공장 라인 증축 등 5건
		실적									
	고위험 개선	계획					개선 이행 100%	전부서	-	100%	- 고위험 30건 개선완료
		실적									
	아차 사고 수집	계획					1건/월/인당	안전	-	50%	- 80건 발굴 및 개선완료 - 참여 독려를 위한 이벤트 추진 예정
		실적									
	산업안전 보건위원회	계획					1회/분기	안전	-		
		실적									
	작업표준 제 개정	계획					변경 시	안전	-		
		실적									
	합동 안전점검	계획					1회/월	안전	-		
		실적									
	비상조치 훈련	계획					1회/분기 (화재, 누출, 대피, 구조)	전부서	30	75%	- 2/10 화재진압 훈련 - 4/15 가스누출 대비 * 코로나19로 구조훈련 미실시
		실적									
	작업허가서 발부	계획					단위 작업별	전부서	-		
		실적									
	작업 전 미팅 (TBM) 실시	계획					단위 작업별	전부서	-		
		실적									
	안전관찰 제도 운영	계획					1건/월/인당	전부서	-		
		실적									
	안전보건 예산 집행	계획					수립예산 이행	전부서	-		
		실적									
	성과측정 및 모니터링	계획					1회/반기	전부서	-		
		실적									
	시정조치 이행	계획					수시	전부서	-		
		실적									
	경영자 검토	계획					1회/반기	안전	-		
		실적									

서식-11 안전보건 목표 및 추진계획서 작성 예시(2)

작 성 팀		안전보건 목표 및 추진계획서
작 성 자		
작성일자		

중요 목표	세부 항목	추진 계획	성과 지표	담당자	구분	1	2	3	4	5	6	7	8	9	10	11	12	소요 예산	검토
추락사고 위험요인 발굴 및 조치					계획														
					실적														
					계획														
					실적														
					계획														
					실적														
					계획														
					실적														
끼임사고 위험요인 발굴 및 조치					계획														
					실적														
					계획														
					실적														
					계획														
					실적														
					계획														
					실적														
안전보건 시정조치					계획														
					실적														
					계획														
					실적														
					계획														
					실적														
					계획														
					실적														
작업 전 안전미팅 (TBM) 실시					계획														
					실적														
					계획														
					실적														
					계획														
					실적														
					계획														
					실적														

(세부 목표(Target) / 추진일정(月) 1~12)

서식-12 위험기계·기구·설비 목록 작성 서식 예시

순번	기계·기구·설비명 (관리번호)	용량	단위 작업 장소	수량	검사대상	방호장치	점검 주기	발생 가능 재해 형태
1	프레스 (P-1~5)	10ton	1공장	5	산안법 안전검사	광전자식	3개월	끼임
2	프레스 (P-5~8)	30ton	2공장	5	산안법 안전검사	광전자식	3개월	끼임
3	지게차 (A-1, 2)	5ton	외부	2	건설기계 관리법 검사	법정방호장치	1개월	부딪힘, 넘어짐
4	크레인 (C-1, 2, 3)	20ton	1공장	3	산안법 안전검사	과부하방지, 훅해지장치, 권고방지장치	3개월	부딪힘, 끼임
5	크레인 (C-4, 5, 6)	10ton	2공장	3	산안법 안전검사	과부하방지, 훅해지장치, 권고방지장치	3개월	부딪힘, 끼임

서식-13 유해·위험물질 목록 작성 서식 예시

화학물질		메틸알코올
CASNo		67–56–1
분자식		CH3OH
폭발한계 (%)	하 한	5.5
	상 한	44
노출기준		200ppm
독성치		LD50 6200mg/kg Rat, LD50 15800mg/kg Rabbit, LC 50 64000ppm/4hr Rat
인화점 (℃)		9.7
발화점 (℃)		464
증기압 (20℃, mmHg)		127
부식성 유무		X
이상반응 유무		고인화성, 자극성·부식성·독성가스
일일 사용량		0.2m³
저장량		1m³
비 고		

주) ① 유해·위험물질은 제출대상 설비에서 제조 또는 취급하는 모든 화학물질을 기재합니다.
② 증기압은 상온에서 증기압을 말합니다.
③ 부식성 유무는 있으면 O, 없으면 X로 표시합니다.
④ 이상반응 여부는 그 물질과 이상반응을 일으키는 물질과 그 조건(금수성 등)을 표시하고 필요시 별도로 작성합니다.
⑤ 노출기준에는 시간가중평균노출기준(TWA)을 기재합니다.
⑥ 독성치에는 LD50(경구, 쥐), LD50(경피, 쥐 또는 토끼) 또는 LC50(흡입, 4시간 쥐)을 기재합니다.

서식-14 작업별 위험관리 대장 활용 서식 예시

단위 작업 장소	작업내용	위험 코드	관련기계 기구·설비 (관리번호)	화학물질명 (CAS No)	발생 가능 재해 형태	관련 협력 업 체	위 험 성	비고
P 1 구 역	지게차 이용 운반작업	H-P1 -01	지게차 (00000)	-	부딪 힘	無	고	작업지휘자 배치
	하부피트				질식			
Q 2 구 역	화학물질 보충작업		○○탱크 (00000)	톨루엔 ( )	화재· 폭발, 급성 중독	有	고	작업허가서 발급 대상
세 척 실	부품세척 작업		세척조 (00000)	트리클로 로메탄 ( )	급성 중독	有	고	* 국소배기장 치 성능평가 대상 * 방독마스크 밀착도 검사

서식-15 KRAS 시스템 위험성평가표 작성 예시
(http://kras.kosha.or.kr)

담당	부장	대표

작업공정명:				위 험 성 평 가								평가일시: '22-03-10	
세부 작업 내용	유해·위험요인 파악		관련근거 (법적기준)	현재의 안전보건 조치	위 험 성			위험성 감소대책	개선 후 위험성	개선 예정일	완료일	담당자
	위험 분류	위험발생 상황 및 결과			가능성 (빈도)	중대성 (강도)	위험성 (빈도 x강도)					
원료 입고	기계적 요인	무자격자가 지게차를 임의운전하여 근로자와 부딪힐 위험	안전보건규칙 제99조 [운전위치 이탈시의 조치]	유자격자 운전 시동키 분리보관	1	2	2 (낮음)		-	-	-	-
원료 입고	전기적 요인	인화성액체(유기용제) 주입 중 정전기에 의한 화재폭발 위험	안전보건규칙 제325조 [정전기로 인한 화재 폭발 등 방지]	-		3	2	6 (높음)	정전기의 발생 억제 또는 제거 조치 (배관 Bonding/ Grounding)	2 (낮음)	'22-05-30		홍길동
원료 입고	화학적 (물질) 요인	외부에서 탱크로 불씨가 유입 시 화재·폭발 위험	안전보건규칙 제269호 [화염방지기의 설치 등]	-		2	3	6 (높음)	1. 안전 작업 허가 절차 준수 2. 화염방지기 설치	3 (보통)	'22-03-30	'22-03-25	서비스
원료 입고	화학적 (물질) 요인	인화성 액체의 증기가 점화되어 화재·폭발 위험	안전보건규칙 제230조 [폭발의 위험이 있는 장소의 설정 및 관리]	작업자 교육	2	3	6 (높음)	폭발위험장소 설정/관리 (폭발위험 장소 구분도 작성)	3 (보통)	'22-04-30		황건설
원료 입고	화학적 (물질) 요인	주입구 주변 유증기 흡입으로 인한 건강 장해 발생 우려	안전보건규칙 제450조 [호흡용 보호구의 지급 등]	보호구 미착용	2	2	4 (보통)	개인보호구 사용 (방독마스크)	2 (낮음)	'22-03-31	'22-03-15	이보건

KRAS(Korea Risk Assessment System): 위험성평가 지원시스템

– 한국산업안전보건공단에서 사업주, 근로자 등이 스스로 사업장의 유해·위험요인을 파악하고 평가하는 데 필요한 안전·보건 정보를 제공하여 위험성평가를 용이하게 실시할 수 있도록 지원하는 인터넷 기반 시스템

서식-16 안전보건 예산 편성항목 예시

(단위: 백만 원)

구 분		2021	2022
인력 및 시설분야	위험시설 정비 및 개보수		
	안전검사 실시		
	안전시설 신규 설치 및 투자		
	안전보건조직 노무관리		
안전분야	안전인력 육성 및 교육		
	안전보건 진단 및 컨설팅		
	위험성평가 실시		
	안전보호구 구입		
보건분야	작업환경측정 실시		
	특수건강검진 실시		
	근골격계질환 예방		
	휴게·위생시설 관리		
기 타	협력사 안전관리 역량 지원 – 교육 지원 – 시설 지원		
	안전보건 캠페인 추진		
예 비	예비비		

서식-17 안전보건 전문인력 평가 기준 및 평가표 예시

평가기준

양호	법령에 따른 업무수행으로 수립된 안전보건목표를 달성하고 재해예방에 기여함
보통	법령에 따른 업무를 적정하게 수행함
미흡	법령에 따른 업무를 일부 수행하지 않음

평가표(안)

직책	성명	담당업무	평가		
			미흡	보통	양호
안전보건관리책임자		1. 사업장의 산재예방계획 수립에 관한 사항			
		2. 안전보건관리규정(산안법 제25조, 제26조)의 작성 및 변경에 관한 사항			
		3. 근로자에 대한 안전보건교육(산안법 제29조)에 관한 사항			
		4. 작업환경의 점검 및 개선에 관한 사항			
		5. 근로자의 건강진단 등 건강관리에 관한 사항			
		6. 산업재해의 원인 조사 및 재발 방지대책 수립에 관한 사항			
		7. 산업재해에 관한 통계의 기록 및 유지관리에 관한 사항			
		8. 안전장치 및 보호구 구입 시 적격품 여부 확인에 관한 사항			
		9. 위험성평가의 실시에 관한 사항			
		10. 안전보건규칙에서 정하는 근로자의 위험 또는 건강장해의 방지에 관한 사항			
관리감독자		1. 사업장 내 관리감독자가 지휘·감독하는 작업과 관련된 기계·기구 또는 설비의 안전·보건 점검 및 이상 유무의 확인			
		2. 관리감독자에게 소속된 근로자의 작업복·보호구 및 방호장치의 점검과 그 착용·사용에 관한 교육·지도			
		3. 해당 작업에서 발생한 산업재해에 관한 보고 및 이에 대한 응급조치			
		4. 해당 작업의 작업장 정리·정돈 및 통로 확보에 대한 확인·감독			
		5. 안전관리자, 보건관리자, 안전보건관리담당자, 산업보건의의 지도·조언에 대한 협조			
		6. 위험성평가를 위한 유해·위험요인의 파악 및 개선조치 시행에 참여			
안전보건총괄책임자		1. 위험성평가의 실시에 관한 사항			
		2. 산업재해가 발생할 급박한 위험이 있는 경우 및 중대재해 발생 시 작업의 중지			
		3. 도급 시 산업재해 예방조치			
		4. 산업안전보건관리비의 관계수급인 간의 사용에 관한 협의·조정 및 그 집행의 감독			
		5. 안전인증대상기계 등과 자율안전확인대상기계 등의 사용 여부 확인			

* 평가 주기: 반기 1회 이상 평가

직 책	성 명	담당업무	비 고
안전 관리자 (산안법 제17조)		1. 산업안전보건위원회 또는 안전·보건에 관한 노사협의체에서 심의·의결한 업무와 해당 사업장의 안전보건관리규정 및 취업규칙에서 정한 업무 2. 위험성평가에 관한 보좌 및 지도·조언 3. 안전인증대상기계 등과 자율안전확인대상기계 등 구입 시 적격품의 선정에 관한 보좌 및 지도·조언 4. 해당 사업장 안전교육계획의 수립 및 안전교육 실시에 관한 보좌 및 지도·조언 5. 사업장 순회점검, 지도 및 조치 건의 6. 산업재해 발생의 원인조사·분석 및 재발방지를 위한 기술적 보좌 및 지도·조언 7. 산업재해에 관한 통계의 유지·관리·분석을 위한 보좌 및 지도·조언 8. 법 또는 법에 따른 명령으로 정한 안전에 관한 사항의 이행에 관한 보좌 및 지도·조언 9. 업무수행 내용의 기록·유지 10. 그 밖에 안전에 관한 사항으로서 고용노동부장관이 정하는 사항	
보건 관리자 (산안법 제18조)		1. 산업안전보건위원회 또는 노사협의체에서 심의·의결한 업무와 안전보건관리규정 및 취업규칙에서 정한 업무 2. 안전인증대상기계등과 자율안전확인대상기계등 중 보건과 관련된 보호구 구입 시 적격품 선정에 관한 보좌 및 지도·조언 3. 위험성평가에 관한 보좌 및 지도·조언 4. 물질안전보건자료의 게시 또는 비치에 관한 보좌 및 지도·조언 5. 시행령 제31조 제1항에 따른 산업보건의의 직무(보건관리자가 「의료법」에 따른 의사인 경우에 한함) 6. 해당 사업장 보건교육계획의 수립 및 보건교육 실시에 관한 보좌 및 지도·조언	

보건 관리자 (산안법 제18조)		7. 해당 사업장의 근로자를 보호하기 위한 자주 발생하는 가벼운 부상에 대한 치료, 응급처치가 필요한 사람에 대한 처치, 부상·질병의 악화를 방지하기 위한 처치, 건강진단 결과 발견된 질병자의 요양지도 및 관리, 위 의료행위에 따르는 의약품의 투여에 해당하는 의료행위(보건관리자가 「의료법」에 따른 의사 또는 간호사인 경우에 한함) 8. 작업장 내에서 사용되는 전체 환기장치 및 국소 배기장치 등에 관한 설비의 점검과 작업방법의 공학적 개선에 관한 보좌 및 지도·조언 9. 사업장 순회점검·지도 및 조치의 건의 10. 산업재해 발생의 원인조사·분석 및 재발 방지를 위한 기술적 보좌 및 지도·조언 11. 산업재해 통계의 유지·관리·분석을 위한 보좌 및 지도·조언 12. 법 또는 법에 따른 명령으로 정한 보건에 관한 사항의 이행에 관한 보좌 및 지도·조언 13. 업무수행 내용의 기록·유지 14. 그 밖에 보건과 관련된 작업관리 및 작업환경관리에 관한 사항
안전보건 관리담당자 (산안법 제19조)		1. 안전보건교육 실시에 관한 보좌 및 지도·조언 2. 위험성평가에 관한 보좌 및 지도·조언 3. 작업환경측정 및 개선에 관한 보좌 및 지도·조언 4. 건강진단에 관한 보좌 및 지도·조언 5. 산업재해 발생의 원인조사, 산업재해 통계의 기록 및 유지를 위한 보좌 및 지도·조언 6. 산업안전·보건과 관련된 안전장치 및 보호구 구입 시 적격품 선정에 관한 보좌 및 지도·조언
산업보건의 (산안법 제22조)		1. 건강진단 결과의 검토 및 그 결과에 따른 작업 배치, 작업 전환 또는 근로시간의 단축 등 근로자의 건강보호 조치 2. 근로자의 건강장해의 원인 조사와 재발 방지를 위한 의학적 조치 3. 그 밖에 근로자의 건강 유지 및 증진을 위하여 필요한 의학적 조치에 관하여 고용노동부장관이 정하는 사항

서식-19 협착사고 발생 시 대응 시나리오(처리 흐름도)

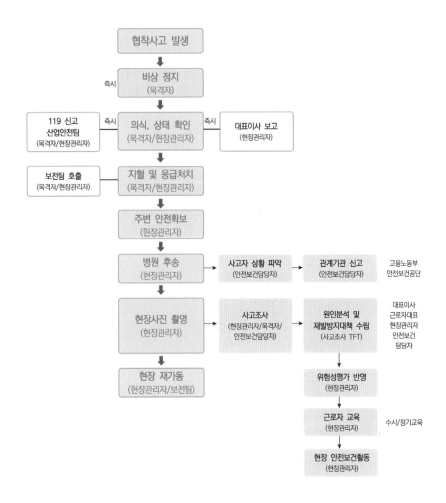

서식-20 추락사고 대응 시나리오 작성 예시

시간 및 상황	조치사항	담당	비고
00:00~00:01 추락사고 발생 /환자 발생	● 비계에서 고소작업 중 몸의 균형을 잃고 직원이 추락 ● 사내 방송 또는 비상경보로 비상상황을 전파하고 지원 요청		
00:01~00:06 환자 구조	● 동료 직원 등이 호흡 정지 여부를 확인하고 인공호흡과 심폐소생술 실시 ● 출혈이 심하면 지혈하고, 쇼크를 막기 위해 담요 등으로 보온 조치		
119 구조대 신고	● 119 구조대에 추락사고 발생상황을 신고		
환자 응급조치	● 골절이 있으면 그 부위를 부목으로 움직이지 못하도록 고정 ● 외상이 있으면 소독 및 필요한 연고·약을 상처에 바르고 거즈 또는 붕대로 상처부위를 보호 ● 119 구조대 도착 시 현장으로 안내하고 필요시 지원 ● 2차 재해가 발생치 않도록 현장에 출입 통제하고 표지판을 게시하는 등 필요한 안전조치 실시시하는 등 필요한 안전조치 실시		
00:06~00:10 상황 보고	● 관계기관 등 상황 보고 "△△ 공장입니다. 비계에서 고소작업 중 몸의 균형을 잃고 직원이 추락하는 사고가 발생했습니다. 119 구조대에 구조를 요청하고 현재 직원이 외상 임시 치료 및 심폐소생술 등 필요한 응급조치를 했습니다."		
현장 보존	● 현장 보존 조치 사고 현장 주위에 아무도 출입하지 못하도록 울타리를 치고 재해 발생 원인 조사 종료 시까지 현장을 보존		
00:10~ 환자 병원 후송	● 119 구조대 도착하여 응급조치 후 병원으로 후송		

서식-21 질식, 감전 재해 대응 시나리오 작성 예시

시간 및 상황	조치사항	담당	비고
00:00~00:01 질식/감전 사고 발생 /환자 발생	● (질식) 물탱크에서 밀폐공간 출입작업 중 직원이 산소결핍으로 질식 사고 발생 ● (감전) 전기실에서 정전작업 중 제3자가 전원을 투입하여 작업 중인 직원이 감전 ● 사내 방송 또는 비상경보로 비상상황을 전파하고 지원 요청		
00:01~00:06 환자 구조 119 구조대 신고 환자 응급조치 2차 재해 방지 조치	● (질식) 동료 직원 등이 공기호흡기를 착용하고 재해자 구조 ● (감전) 동료 직원 등이 전원을 차단하고 재해자 구조 ● 119 구조대에 질식사고 발생상황을 신고 ● 호흡 정지 여부를 확인하고 인공호흡과 심폐소생술 실시 ● 119 구조대 도착 시 현장으로 안내하고 필요시 지원 ● 2차 재해가 발생치 않도록 현장에 출입 통제하고 표지판을 게시하는 등 필요한 안전조치 실시		
00:06~00:10 상황 보고 현장 보존	● 관계기관 등 상황 보고 "○○기업입니다. 우리 회사 물탱크에서 질식사고가 발생하여 119 구조대에 구조를 요청하고 현재 직원이 심폐소생술 등 필요한 응급조치를 했습니다." ● 현장 보존 조치 사고 현장 주위에 아무도 출입하지 못하도록 울타리를 치고 재해 발생 원인 조사 종료 시까지 현장을 보존		
00:10~ 환자 병원 후송	● 119 구조대 도착하여 응급조치 후 병원으로 후송		

서식-22 도급·용역·위탁 업체 안전보건 수준 평가 예시

평가항목	평가기준	배점	점수
I. 안전보건관리체계	도급·용역·위탁받는 자의 안전보건 관리체계 구축 수준	40	
– 리더십	– 경영방침, 인력·시설·장비 등 자원 배정의 적정성 등	10	
– 근로자 참여	– 종사자 의견수렴 절차 및 이행 적정성	10	
– 위험요인 파악 및 제거·대체·통제	– 위험요인 파악 및 개선절차 및 수준의 적정성	10	
– 비상조치계획	– 비상조치계획 적정성	10	
II. 도급·용역·위탁 안전보건 관리계획	도급·용역·위탁받는 업무에 대한 안전 보건관리계획 적정성	60	
– 위험요인 파악 및 제거·대체·통제	– 도급·용역·위탁받는 업무에 대한 위험요인 파악, 제거·대체 및 통제 방법의 적정성(위험성평가 및 대책의 적정성)	15	
– 자원 배정(시설·장비)	– 도급·용역·위탁받는 업무의 위험요인 관리에 적합한 시설·장비 배정 및 운영 – 사용 기계·기구 및 설비의 종류 및 관리계획	15	
– 자원 배정(인력)	– 도급·용역·위탁받는 업무의 위험요인 관리에 적합한 인력 배정 및 운영 – 도급·용역·위탁받는 업무 관련 실적, 작업자 이력·자격·경력 현황	15	
– 비상조치계획	– 도급·용역·위탁받는 업무 시 발생 가능한 비상상황 및 대처에 적합한 비상조치계획	15	

서식-23 안전작업허가서 활용 서식

안전작업 허가서	□ 화기작업 □ 중량물작업 □ 밀폐공간작업 □ 고소작업 □ 굴착작업 □ 전기작업 □ 기타작업		
신청부서 (업체명)		직 책	성 명 (서명)

허가요청기간	월 일 시부터 시까지		
작 업 내 용		작업장소	
장 비 투 입		작업인원	

작업별 사전체크 항목 『안전조치 사항』

화기작업	굴착작업	밀폐공간작업
1. 불꽃, 불티 비산방지조치	1. 전기동력선 안전한 배치조치	1. 산소농도 측정 * 산소 18~23.5%
2. 압력조정기 부착 및 작동 상태	2. 제어용 케이블의 안전성 유무	2. 가연성 및 독성가스농도 측정 * 일산화탄소 30ppm 미만, 황화수소 10ppm 미만
3. 주위 인화성물질을 제거 상태	3. 지하배관의 파악 여부	3. 2인 1조 작업 유무
4. 소화기 배치 유무	4. 출입금지 표지판 설치	4. 환기 및 배기장치 조치
5. 전격방지기의 정상 가동 상태	5. 연락수단의 적정 유무	5. 출입금지 표지판 설치
6. 작업장소 환기	6. 개인보호구 착용 상태	6. 연락수단의 적정 유무
7. 가연성 및 독성가스농도 측정	7. 작업장 주변 정리정돈 상태	7. 개인보호구 착용 상태
8. 화재감시자 배치	8. 작업자의 자격 여부 확인 상태	

고소작업	중량물작업	전기작업
1. 2인 1조 작업 유무	1. 감독자 지정 및 상주 여부	1. 작업안내 표지판 설치
2. 추락위험 방호망 구비 상태	2. 로프의 상태(파단 및 소손)	2. 작업자의 자격 여부
3. 사다리의 파손 여부	3. 작업 신호자 지정 여부	3. 접지 및 방전 여부
4. 이동식 비계 안전인증 유무	4. 적재물 이동 경로의 적정성	4. 정전작업 전로 개폐 시건
5. 작업지지대의 작동 상태	5. 관계자 외 출입통제 조치	5. 기타 조치사항
6. 안전모 착용 상태		
7. 안전대(2m 이상 시)착용 상태		

요청부서(업체) 요청 사항				
작업관리 부서 (협력업체 포함)	확 인 사 항	□ 현장 확인 결과 이상없음 □ 보완사항 보완 후 작업 (내용:)		
	확 인 자	소 속	직 책	성 명
				(인)
허가관리 부서 (안전보건 주관부 서 또는 작업주관 부서)	허 가 내 용			
	허 가 자	소 속	직 책	성 명
				(인)

서식-24 사고조사 보고서 서식

사고조사 보고서				
사고조사반	소 속	성 명	소 속	성 명
사고명			사고일시	
인적 피해	소속:	성명:	직급:	
물적 피해				
사고장소		상해부위	사고형태	
사고내용				
사고원인				
피해내용				
의사/ 외부전문가 소견				
재발방지 대책				
기타내용 사고조사 사진				

서식-25 재해 감소대책 수립 및 실행 계획서 작성 서식

| 구분 | 유해·위험요인 파악 | | | 관련근거 | 현재 위험성 | 감소대책 | | 개선 후 위험성 | 담당자 | 조치 요구일 | 조치 완료일 | 완료 확인 |
	분류	원인	유해· 위험요인	법규/ 노출기준		NO	세부 내용					
기계적 요인												
전기적 요인												
화학적 요인												
생물 학적 요인												
작업 특성 요인												
작업 환경 요인												

서식-26 아차 사고 보고서 양식 예시

작업명		등급	A, B, C
작업내용			
사고내용			
발생원인			
예방대책 (조치내용)			
작업현장 상황 설명 (사진, 도면)			

서식-26-2 아차 사고 등급 분류기준

등급	위험정도	조치
A	중대재해가 예상되는 경우	– 중대재해 발생과 동일시 – 조업 중단 후 사고조사 및 재발방지 대책 수립
B	재해(사고) 발생 시 중상* 또는 시설물 부분 파손 및 조업의 지장이 예상되는 경우	– 산업재해 발생과 동일시 – 임시 조치 후 안전대책 수립·시행
C	재해(사고) 발생 시 경상** 또는 당해 시설물의 파손이 예상되는 경우	– 현 상태로 작업은 가능하나, 교육 시행 등의 안전관리 조치

* 중상: 하루 이상 입원 및 1개월 이상의 치료를 필요로 하는 부상이나, 신체활동 부분을
 상실하거나 그 기능을 영구적으로 상실한 경우
** 경상: 사망, 중상을 제외한 부상

서식-27 연간 교육계획 수립 서식

연간 교육계획																	결재	작성	검토	승인

| NO | 교육구분 | | | 교육 과정 | 일정 | | | | | | | | | | | | 대상 인원 (명) | 교육 방법 (내· 외부) | 비고 |
	안전 보건	공정 안전	수급 업체		1월	2월	3월	4월	5월	6월	7월	8월	9월	10월	11월	12월			
1				근로자 정기 안전 보건교육													30명	집체 (내부)	
2				신규 채용 시 안전보건 교육													발생 시	집체 (내부)	
3				관리 감독자 안전 보건교육													9명	집체 (외부)	
4				특별 안전 보건 교육													5명	집체 (내부)	
5				비상사태 대비 교육 및 훈련													전 사 원	집체 (내부)	
6				물질 안전 보건 교육													2명	집체 (내부)	
7				공정 위험성 평가 교육													10명	집체 (외부)	
8				작업 내용 변경자 교육													발생 시	집체 (내부)	

참고문헌

고용노동부, 『산업안전보건법 전부개정법률 주요 내용 설명자료』, 2019.

고용노동부, 『중대재해처벌법 따라하기』, 2022.

고용노동부, 『중대재해처벌법 시행령 제정안 주요내용 설명 자료』, 2021.

고용노동부, 『중대재해처벌법 해설』, 2021.

고용노동부, 산업안전보건본부, 『중대재해처벌법령 FAQ 중대산업재해 부문』, 2021.

고용노동부 산업안전보건본부 산재예방지원과, 『중소기업을 위한 안전보건관리 자율점검표』, 2021.

고용노동부/안전보건공단, 『중대재해처벌법 및 시행령 주요내용 −산업재해를 중심으로−』, 2022.

국토교통부, 『중대재해처벌법 해설』, 2021.

대검찰청, 『중대재해처벌법 벌칙해설』, 2021.

법무법인(유한) 바른 중대재해처벌법 대응 특별팀, 『중대재해처벌법 연구』, 2022.

이상국, 『중대재해처벌법』, 대명출판사, 2022.

이정훈, 『꼭 알아야 할 중대재해에 따른 형사책임』, ㈜중앙경제, 2021.

정진우, 『산업안전보건법』, 중앙경제사, 2021.

한국경제신문, 『광장 변호사들이 알려주는 궁금한 중대재해처벌법』, 2021.

환경부, 『중대재해처벌법 해설』, 2021.

중대재해처벌법 핵심과 사례
100문 100답

2판1쇄발행 2023년 1월 20일

엮 은 이   황운희
펴 낸 이   이기성
편집팀장   이윤숙
기획편집   윤가영, 이지희, 서해주
표지디자인 윤가영
책임마케팅 강보현, 김성욱
펴 낸 곳   도서출판 생각나눔
출판등록   제 2018-000288호
주   소   서울 잔다리로7안길 22, 태성빌딩 3층
전   화   02-325-5100
팩   스   02-325-5101
홈페이지   www.생각나눔.kr
이 메 일   bookmain@think-book.com

• 책값은 표지 뒷면에 표기되어 있습니다.
  ISBN   979-11-7048-515-5 (13360)

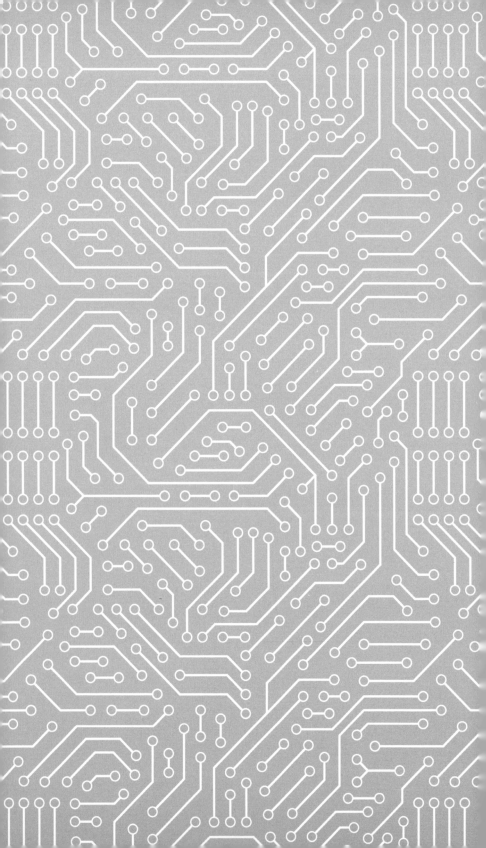